旅游策划理论与实务

主编 吴兰桂 赵 刘

南京大学出版社

图书在版编目(CIP)数据

旅游策划理论与实务 / 吴兰桂，赵刘主编. —— 南京：南京大学出版社，2025.5. —— ISBN 978-7-305-29000-8

Ⅰ. F590.1

中国国家版本馆 CIP 数据核字第 2025Y1C478 号

出版发行　南京大学出版社
社　　址　南京市汉口路 22 号　　邮　编　210093
书　　名　**旅游策划理论与实务**
　　　　　LÜYOU CEHUA LILUN YU SHIWU
主　　编　吴兰桂　赵　刘
责任编辑　裴维维　　　　　　　编辑热线　025-83592123
照　　排　南京南琳图文制作有限公司
印　　刷　常州市武进第三印刷有限公司
开　　本　787 mm×1092 mm　1/16 开　印张 8.5　字数 196 千
版　　次　2025 年 5 月第 1 版
印　　次　2025 年 5 月第 1 次印刷
ISBN 978-7-305-29000-8
定　　价　39.00 元

网址：http://www.njupco.com
官方微博：http://weibo.com/njupco
官方微信号：njupress
销售咨询热线：(025) 83594756

* 版权所有，侵权必究
* 凡购买南大版图书，如有印装质量问题，请与所购
　图书销售部门联系调换

前　言

习近平总书记高度重视职业教育，关注技能人才的培养。职业教育是国民教育体系的重要组成部分，具有重要战略价值。党的十九大报告指出："创新是引领发展的第一动力，是建设现代化经济体系的战略支撑。"本教材将旅游发展的新理念、新思维、新技术、新产品融入其中，注重对学生旅游创新创意思维的培养。学生在接触旅游行业和社会领域新思维、新技术、新现象的过程中，能够直接与改革开放巨大成就"面对面"，从而激发与时俱进的思想和爱国情怀。

教育部研发的《中国学生发展核心素养》强调学生的实践创新、科学精神、责任当担和学会学习等综合素养。本教材与这些素养的内在契合度极高。教材的内容组织严格遵循严谨的逻辑原则，助力学生的逻辑思维培养。此外，创新创意的实现，需要理论联系实践，需要策划者关注旅游行业、深入了解旅游行业乃至当代社会，需要策划者勇于探究行业复杂现象、勇于面对困境和挑战激发个人潜能，因此，本教材将爱国情怀、勇于探究、理性思维、技术运用、乐学善学、信息素养等思想价值引领融入其中，以期促进学生的一技之长和全面发展。

《国务院关于加快发展现代职业教育的决定》（2014年）和国务院印发的《国家职业教育改革实施方案》（2019年）等职业教育重要文件中多次强调产教融合的思想，教材全面贯彻这一思想。第一，旅游策划课程的开设和主要教学内容遵循行业指导委员会建议；校企合作行业专家在多种场合多次表达了对行业创新人才的强烈需求。第二，教材中的大量案例来自行业和产业最新实践，增强了教学的前瞻性、适应性和针对性，可以有效推动教育教学改革与产业转型升级衔接配套。第三，教材实训场景均来自行业真实工作场景。在此，特别感谢相关校企合作单位：无锡市鼋头渚景区、无锡市荡口古镇、江苏省天目湖景区、杭州市西溪湿地、无锡金雨良田农庄等。相关单位为本教材提供了鼋头渚樱花节、唐伯虎点秋香等诸多企业典型、真实案例素材。

旅游策划是旅游行业的核心技能，也是一门与时俱进的技能，应用前景广阔，对于从事旅游策划专门工作有直接指导意义，对于从事旅游开发、旅游管理、旅游营销、旅游服务等工作也有着基础性指导意义。通过长期的行业实践观察，基于大旅游观视野，教材以旅游节事策划、旅游体验项目策划和旅游形象策划为主线，精选载体和案例，精心组织教材内容。教材内容有诸多理论创新、知识点创新和案例创新。理论深度有进一步的深化，知识点方面有诸多贴近行业实践的知识，案例方面进一步精选、编制行业策划领域的典型案例。尽可能做到教材体系完整，视野有广度，理论有深度，案例适用，反映行业热点和先进理念，更好地服务旅游行业，服务旅游企业，服务旅游教育。教材的目标阅读群体主要是职业院校旅游专业师生，同时也包括旅游目的地开发人员、旅游企业一线策划人员等。

本书编者在长达18年的课堂教育实践中深刻感知职业院校学生不喜欢单向的知识传递，而倾向于通过互动来吸收知识、提升技能、接受思想，也喜欢参与讨论，喜欢动手实践，并在互动的过程中汲取营养。教材基于此在课程实训指导手册方面有诸多创新设计。实训环节将项目驱动、翻转课堂和混合教学模式等先进教学理念加以融合，能够更好地辅助学生课程实践。学生在完成实训任务过程中需要以小组为单位，自主查阅很多资料，师生和同学间需要高频互动交流，在这一学习过程中，学生的自主学习意识、信息素养、团队意识、交流意识、分享意识等综合素养能够得到显著提升，相关评价原则释义如下。

• 自我评估：收集有关学生先验知识和技能，以了解整个班级课程相关的能力和经验基础，帮助教师设置合理的教学难度系数，并合理引导学生使用补充教学素材。

• 技能与组件：很多技能精通者（专家）容易低估技能难度，高估学习者的学习效率。正如开车，对专家来说是一个动作，对新手来说是一组动作。本书将技能拆解为组件，并提供专门的组件技能练习，助力新手循序渐进地进行练习。

- 评分指南:评分指南将技能组件进一步划分为多个方面,并清楚地描述每个方面的不同质量级别。评分指南明确表示教师对作业或技能练习的表现期望,可用于策划书、口头报告、团队项目等多种类型的技能训练作业。

- 技能迁移:将在A情景中掌握的技能运用到B情景中就是技能迁移,包括A、B情景相似度高的近距离迁移和A、B情景相似度低的远距离迁移。教学中,教师向学生传递技能迁移的思想、指导学生进行技能迁移,可以帮助学生建立已有技能与未来新情景之间的联系,提高迁移的成功率。

本教材的编写受到江苏省教育厅"江苏省高校优秀中青年教师和校长境外研修项目"的支持。在此表示感谢!

最后说明,教材印刷版式边侧留白设计,用于学生在学习和实训过程中记录笔记或构思创意等。

目 录

技能一　旅游策划认知 ·· 1
　　组件一　旅游策划的概念和特点 ·································· 2
　　组件二　旅游策划的类型 ·· 7
　　组件三　旅游策划的一般流程 ····································· 13
　　组件四　旅游策划文案编制与交流汇报 ··························· 16

技能二　旅游节事策划 ·· 23
　　组件一　旅游节事认知 ·· 24
　　组件二　旅游节事策划认知 ······································· 31
　　组件三　旅游节事主题策划 ······································· 38
　　组件四　旅游节事组织流程策划 ··································· 45
　　组件五　旅游节事策划文案编制 ··································· 51

技能三　旅游体验项目策划 ·· 56
　　组件一　旅游体验项目认知 ······································· 57
　　组件二　旅游体验项目策划前期调查 ······························ 65
　　组件三　旅游体验项目创意构思 ··································· 72
　　组件四　旅游体验项目策划文案编制 ······························ 79

技能四　旅游形象策划 ·· 86
　　组件一　旅游形象认知 ·· 87
　　组件二　旅游形象口号设计 ······································· 91
　　组件三　旅游形象标识设计 ······································· 96

组件四　旅游形象叙事设计 …………………………………………… 99

附　　录

附1　旅游节事策划实训手册 ………………………………………… 109
　　任务一　旅游活动主题策划 …………………………………………… 111
　　任务二　旅游活动流程策划 …………………………………………… 112
　　任务三　旅游活动策划书编制 ………………………………………… 113

附2　旅游体验项目策划实训手册 …………………………………… 114
　　任务一　休闲农业创新旅游体验项目调查 …………………………… 116
　　任务二　休闲农业旅游产品创意构思 ………………………………… 117
　　任务三　旅游产品策划文案编制 ……………………………………… 118

附3　旅游形象策划实训手册 ………………………………………… 119
　　任务一　旅游宣传口号调查与分享 …………………………………… 121
　　任务二　旅游形象标识调查与分享 …………………………………… 122
　　任务三　旅游形象叙事调查与分享 …………………………………… 123
　　任务四　旅游形象推广作品设计 ……………………………………… 124

附4　自我评估 ………………………………………………………… 125

技能一　旅游策划认知

学习目标

1. 能够解释旅游策划的概念
2. 能够识别旅游策划与相关概念的差异
3. 能够列举旅游策划的类型
4. 能够复述旅游策划的流程
5. 熟悉旅游策划文案规范
6. 能够运用旅游策划方案汇报的技巧

本章资源

学习内容思维导图

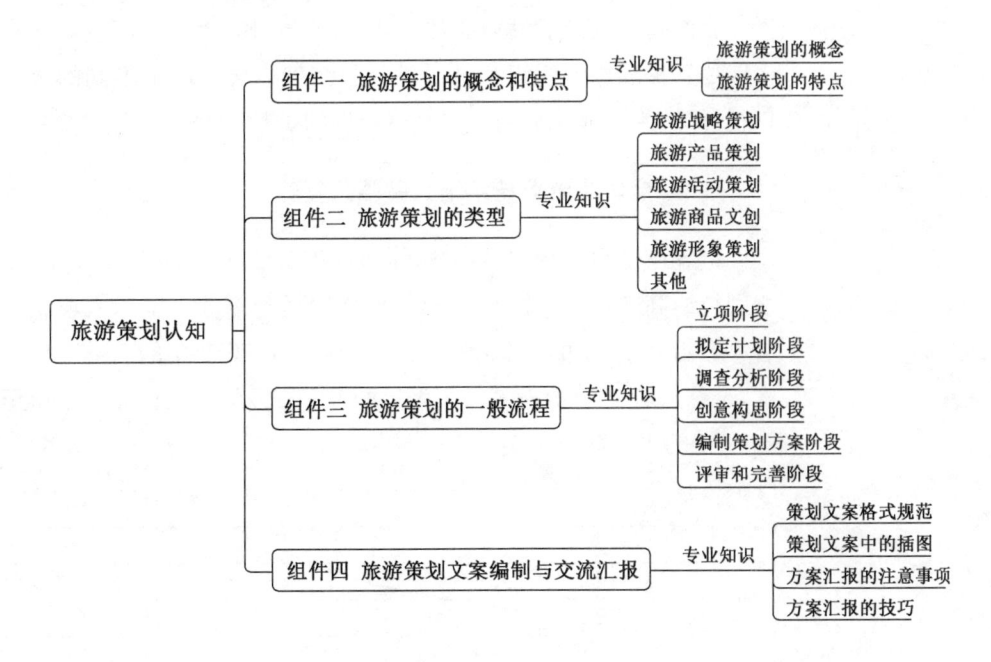

旅游策划认知
- 组件一　旅游策划的概念和特点　专业知识
  - 旅游策划的概念
  - 旅游策划的特点
- 组件二　旅游策划的类型　专业知识
  - 旅游战略策划
  - 旅游产品策划
  - 旅游活动策划
  - 旅游商品文创
  - 旅游形象策划
  - 其他
- 组件三　旅游策划的一般流程　专业知识
  - 立项阶段
  - 拟定计划阶段
  - 调查分析阶段
  - 创意构思阶段
  - 编制策划方案阶段
  - 评审和完善阶段
- 组件四　旅游策划文案编制与交流汇报　专业知识
  - 策划文案格式规范
  - 策划文案中的插图
  - 方案汇报的注意事项
  - 方案汇报的技巧

关键概念

1. 旅游策划
2. 旅游战略策划
3. 旅游产品策划
4. 旅游活动策划
5. 旅游商品文创
6. 旅游形象策划
7. 委托策划
8. 无委托策划
9. 策划文案
10. 策划方案汇报

组件一　旅游策划的概念和特点

一、背景

1.1　旅游业对全球经济贡献巨大

旅游 GDP 主要用于衡量旅游业对整个经济的贡献,反映旅游业在整个经济体系中的重要性。联合国世界旅游组织最新数据显示,当前全球旅游业对 GDP 的直接贡献值为 2.5%,一些旅游发达地区如欧洲,其旅游业 GDP 达 4%。世界旅行旅游理事会最新年度研究结果显示:2023 年,旅行与旅游部门对全球 GDP 的贡献为 9.1%,比 2022 年增长 23.2%。

旅游行业的产业性质非常复杂,行业本身和上下游产业牵连众多。尽管世界旅游组织和世界旅行旅游理事会采取了不同的统计口径,但结果都显示旅游业对全球经济的贡献巨大。

1.2　全球旅游业持续增长并强劲复苏

世界旅游组织相关数据显示,全球旅游业在 2010 年至 2019 年之间持续高速增长,并且在 2022 年之后强劲复苏。全球入境旅游者人数由 2010 年的 9.73 亿人次稳步增长至 2019 年的 14.65 亿人次,全球入境旅游收入由 2010 年的 0.989 万亿美元稳步增长至 2019 年的 1.488 万亿美元。

图 1-1　全球入境旅游者人数和旅游收入统计

1.3 旅游业创造众多新的就业岗位

旅游业是一个庞大且多样化的行业。世界旅行旅游理事会的相关研究结果显示：2019 年前旅行和旅游（包括其直接、间接和引发的）占所有就业岗位的 10.5%，也即每十个工作岗位中，就有一个与旅游业相关。2023 年，旅行与旅游部门新增就业岗位 2 700 万个，与 2022 年相比增长 9.1%。

1.4 旅游行业创新型人才需求巨大

随着全球旅游产业的发展及社会和科技的不断进步，旅游目的地管理、营销、服务等出现一些新业态和新要求，打破了人们对旅游人才的传统认知边界，创新型人才成为旅游行业人才需求热点，酒店万能工、旅行定制师、旅游主播、数字化人才、复合型人才等旅游领域高需人才，都需要具备一定的创新意识和能力，旅游创新人才需求巨大。

实际上，创新人才不仅在旅游业深受欢迎，甚至在各行各业都很受欢迎。创新就是生产力，企业赖之以强，国家赖之以盛。创新创造力是一种良好的人类属性，是一种稀缺的能力，对社会各行各业都很重要。这种能力从何而来呢？一般认为，创新能力可以通过实践学习来培养。旅游策划是最为典型的旅游创新实践。

二、旅游策划的内涵

2.1 策划的内涵

策划是一种创造性思维活动，与咨询、企划近义。东方常用策划一词，西方常用咨询一词，日本常用企划一词。

2.2 旅游策划的概念

旅游策划是策划学相关理论、方法和技巧在旅游学中的应用，具体是指策划者为实现旅游组织的目的，通过对旅游资源、旅游市场和旅游环境等的调查、分析和论证，创造性地设计和策划旅游方案、谋划旅游发展对策的过程。旅游策划的过程也是运用旅游学相关理论去分析问题、创造性地解决问题的过程。

材料阅读1-1

叶文智：要秀湘西给世界

叶文智在大湘西旅游产业开发上取得了骄人建树：为黄龙洞景区标志性景点——"定海神针"石笋——投下一亿元保险，在世界上创下了为资源性资产办理保险之先河；独家出资协办、组织实施的"穿越天门"1999张家界世界特技飞行大奖赛和2006俄罗斯空军张家界特技飞行表演。这些活动轰动全国，影响全球，成为中国旅游界举办大型宣传游促销活动的成功典范。

鉴于叶文智对旅游事业贡献突出，在2001年张家界市旅游工作会议上，市人民政府奖励其30万元人民币。同年，叶文智被评为中国旅游界十大风云人物。2002年，黄龙洞景区被评为中国旅游知名品牌。2003年，叶文智当选湖南省第十届人大代表；2004年，获"中国策划最高奖"荣誉称号；2006年，获张家界旅游宣传促销特殊贡献奖，并当选湖南十大魅力湘商；2007年，先后获得湖南省第二届"优秀中国特色社会主义事业建设者"和张家界市"第四批拔尖人才"荣誉称号；2008年，先后当选第十届省政协委员、第十一届全国人大代表。

1. 点石成金

叶文智，祖籍湖南湘潭。1998年，叶文智经过前后35次商谈取得了张家界精华景点黄龙洞45年的受托经营权，并出任由此成立的黄龙洞投资股份有限公司总经理。

公司成立之初，如何打响黄龙洞的知名度，将黄龙洞的旅游事业经营红火，一直困扰着刚刚经营旅游景点的叶文智。当时一家保险公司的推销员三天两头地来拉业务，叶文智灵光一闪，何不给石头买保险，做别人从没做过的事。经过反复考虑，叶文智决定给洞中标志性石笋景观"定海神针"买保险。

1998年4月18日，黄龙洞公司为"定海神针"买下1亿元保险，在全世界开创了为资源性资产买保险的先河，先后引来全世界多家媒体竞相报道，黄龙洞也很快成为海内外游客出游张家界的必游景点。直到现在，有许多游客一进黄龙洞就问："那根价值上亿的'定海神针'在哪里？"

2. 穿越天门　世纪绝飞

"定海神针"让叶文智一鸣惊人，半年后，一次，叶文智乘坐直升机经过张家界荷花机场附近的天门山洞时,飞行员对叶文智说道:"叶总,你信不信,我可以带你穿过这个山洞。"叶文智闻言大受启发,决定策划飞机穿越天门洞的壮举。

1999年12月8日至11日,由叶文智总策划、黄龙洞投资股份有限公司独家出资并组织实施的"99世界特技飞行大奖赛"在张家界成功举办。11日下午,匈牙利特技飞行大师彼得·贝森耶驾机成功穿越天门洞后,来自9个国家的11名世界特技飞行大师驾机在天门洞连续做特技飞行表演,那段时间,张家界吸引了全世界的目光。

"穿越天门"实现了人类飞行史上驾机穿越自然山洞的壮举。这次体育活动的成功举办,使"天门洞"成了一条时空隧道,让张家界直接面向整个世界,极大地提高了张家界的知名度,也迅速推动了张家界旅游经济的发展。

3. 棋行大地　天下凤凰

中韩两位超一流棋手常昊九段和曹薰铉九段在湘西凤凰古城进行了一次特别的对抗赛。此次围棋邀请赛的最大亮点无疑是在巨大的棋盘上行走的身穿黑白衣服的武术少年。这块修建在南方长城脚下的巨型棋盘长宽各31.7米,总面积1 000多平方米,比两个篮球场还要大。每个方格的长宽各1.76米。在群山环抱中,青山绿水与古道长城融为一体,大地棋盘也成为当地一道新的风景。

4. 俄罗斯特飞　成就经典

成功策划组织完"穿越天门"活动后,叶文智的视野更宽了。7年后,他又一次把助跑张家界的眼光瞄准了张家界天门山,再次为宣传促销张家界豪掷重金。

2006年3月17日至19日,叶文智在张家界天门山再次策划了更令世人瞩目的蓝天盛会——"2006俄罗斯空军张家界特技飞行表演"。俄罗斯"勇士"战机表演队,表演了空中加油等10多个特级飞行科目,20万海内外游客和当地市民现场观看了这场活动。

因方式独特、场面盛大、亮点突出,这次活动与"99张家界世界特技飞行大奖赛"相比,已远超一项航空体育运动的范畴,更是一项兼具外交题材、历史题材、军事题材、文化题材、自然资源有机配置和整合的重大活动。从活动策划到组织实施,张家界就受到200多家中外媒体的高度聚焦和国际上的广泛关注,多家媒体对这场活动进行了总时长达137个小时的现场直播,高层次、全方位、大态势地对外宣传了张家界,进一步提高了湖南特别是张家界的知名度和美誉度,提升了湖南和张家界旅游品牌,成为中国旅游产业发展史上的经典营销案例。

一系列精巧而大胆的事件和活动策划,极大地推动了张家界旅游业的发展。

2.3 旅游策划相关概念辨析

旅游策划与旅游创意、旅游决策、旅游计划、旅游规划等相关概念存在异同。

旅游创意是旅游策划中非常重要的部分。网上盛传的"72旅游狂想"之一:"一次性组织沧州667万人出游,清空沧州城,同时创造世界上最大的旅游团队,申请吉尼斯世界纪录",这是一个非常有创意的点子,但这不是一个策划。旅游创意一般是指旅游策划的前期基本构想,是旅游策划的出发点;而旅游策划是以旅游创意为出发点,包含调查、论证、方案细节构思设计等一系列过程。

旅游规划,通常是指以旅游资源调查、旅游市场调查和当地旅游业发展条件为基础,确定旅游目的地或旅游景区的发展目标及过程的行为决策,并进行吃、住、行、游、购、娱等旅游环节的设计。旅游规划具有宏观性特点,而旅游策划一般是中观或微观的;旅游规划强调全局性、方向性,而旅游策划倾向具体性、可操作性;旅游规划具有严格的规范性,通过评审的旅游规划具有法律约束力,而旅游策划相对具有灵活性;旅游规划强调科学性和合理性,对旅游地发展具有很强的指导意义;而旅游策划更强调创新性;旅游规划以旅游资源调查、旅游市场调查、旅游地基础设施调查等为基础,具有很强的技术性,而旅游策划相对强调创意。

旅游计划,指企业、部门、团队或个人对旅游日常工作的提前安排,如计划一个会议,要提前确定会议的时间、地点、参加会议的人员及数量、设备的安放等。旅游策划与旅游计划有预先性安排的特点,但内涵差异很大。旅游计划不强调创意,内容相对较固定,侧重于事情处理的程序,一般人通过短期、简单训练可具备旅游计划能力。而旅游策划强调创意,内容不固定,难度系数高,策划方案后期执行具有一定的风险性,专业人员要经过中长期训练才能具备及提高旅游策划能力。

旅游决策,是指决定旅游的相关策略或旅游相关方案,是在比较方案、选择方案基础上作出判断和选择、得出结果的过程。旅游策划与旅游决策在预谋性、创新性和主要内容方面存在明显差别。旅游策划是事先策划,在产品开发、活动举办、产品宣传等决策之前对产品开发方案、活动举办方案和产品宣传方案进行精心策划,方案强调可操作,以期以相对较低的成本或较短的时间获得更好的效益。旅游策划是制定方案,而旅游决策往往是选择方案。旅游策划强调创新,旅游决策强调科学性和合理性。

归纳总结,旅游策划的主要特点包括谋略性、创新性、程序性、可操作性和风险性。

组件二　旅游策划的类型

一、旅游战略策划

旅游战略策划是旅游策划的细分类型,具体是指在分析旅游地发展的可行性、必要性及潜在问题的基础上,谋划旅游地发展战略思想、战略目标及战略重点。旅游战略策划的主体一般是被称为旅游智囊、旅游"大脑"的资深专家及团队。

材料阅读 1-2

焦作现象

焦作市地处河南省西北部,面积 4 071 平方公里,人口 352 万人,辖 6 县 4 区和 1 个城乡一体化示范区,北依太行山,南临黄河,是一个靠煤起家,因煤发展的资源枯竭型城市。目前,焦作是中国优秀旅游城市、全国资源枯竭城市转型绩效评价优秀城市、国家园林城市、全国双拥模范城、全国创新驱动示范市等。云台山世界地质公园包括云台山、青龙峡、峰林峡、神龙山和青天河等景区,并入选全球首批世界地质公园。同时还被授予国家级风景名胜区、首批国家 5A 级旅游景区、国家自然遗产、国家森林公园、国家水利风景区、国家级猕猴自然保护区、国家文化产业示范基地等称号。2004 年 1 月焦作市被国家旅游局授予"中国优秀旅游城市"称号,2004 年 11 月被世界旅游推广峰会组委会颁发"卓越客户奖"。2005 年,焦作市由资源枯竭型城市成功转向绿色旅游城市的转型经验被编入普通高中地理教科书。2006 年被世界旅游评估中心和世界旅游推广峰会全球秘书处授予"世界杰出旅游服务品牌"……焦作旅游从1999年起从无到有，从小到大，从默默无闻到声名远播，从缺乏旅游品牌到同时拥有焦作山水、云台山世界地质公园、太极拳、世界杰出旅游服务品牌具有重大国际影响力的主题品牌，实现了量的扩张到质的转变。这一现象被社会学家和业内人士称为"焦作现象"。

2001年，焦作旅游业开始启动。第一个目标市场是山西。第一件事，山西开了一趟到焦作的500人专车，游客需在旅行社报名；第二件事，在长治市八一广场的大篷车周围，陈列着展示焦作旅游资源的图片和文字展板。河南焦作旅游局的领导们更是从媒体走到市民中间，面对面地讲解和推介，发放各种宣传资料。当暮色降临的时候，"入焦旅游第一列"的预报名单上竟然填满了近百人的游客姓名；当第一趟列车开往焦作的时候，站台上，省市领导亲自接待，火车站彩旗飘飘，到处是欢迎和庆祝的条幅。焦作市也由此创造了一种政府和企业市场联动合作的全新模式。

引起全国传媒关注的是，经全国中小学教材审定委员会2004年初审通过，焦作经济转型经验正式被编入普通高中地理课程标准实验教科书。入编内容图文并茂，并要求学生围绕"焦作探索资源枯竭型城市的转型之路有哪些成功经验""这些经验对中国其他资源枯竭型城市有何借鉴"两个问题进行思考。

二、旅游产品策划

旅游产品是个复杂的概念体系。按旅游价值可以分为观光旅游产品、文化旅游产品、休闲旅游产品、康养旅游产品等，按实用功能可以分为旅游体验产品、住宿产品、餐饮产品、交通产品等，按所处地域可以分为乡村旅游产品、都市旅游产品，按形态可以分为综合旅游产品和单项旅游产品。

旅游产品按内涵又有广义和狭义之分。广义的旅游产品包括旅游地和旅游企业的各类产品的综合，其中旅游地的景区类产品是主体，旅游服务中心、住宿餐饮、旅游商店、交通产品等为配套。在全域旅游时代，全域旅游地产品开发通常将景区类产品和其他配套产品作为一个整体进行一体化设计。而狭义的旅游产品是指旅游地的景区类产品。

有些旅游地、旅游景区或旅游产品的体验是自然产生的，有些旅游地、旅游景区或旅游产品的体验是人为创造的。随着旅游业的发展壮大，人为创造旅游体验的旅游目的地和产品比例越来越高。旅游产品策划是旅游策划的细分类型，具体是指以旅游资源为基础、以旅游市场为导向、以特色为根本、以效益为目标,设计具有增强旅游体验功能的产品的过程,包括旅游产品主题、功能、市场定位、产品要素等综合分析判研。旅游产品策划是旅游地开发的前置环节,其目的是高效利用旅游资源。富有特色和旅游吸引力的旅游体验项目的设计是旅游产品策划的核心环节。旅游产品策划的主体一般是专业的旅游策划机构。

伴随着我国旅游行业的持续高速发展,在旅游地开发和旅游产品设计方面实践成果众多,如以无锡拈花湾和北京郊区古北水镇为代表的特色文旅小镇,以成都宽窄巷子、南京老门东为代表的历史文化街区,以德清裸心谷为表的乡村旅游地,以及以重庆洪崖洞为代表的特色网红旅游地等,都是创造创新型旅游目的地和旅游产品的成功典范。同时,随着国内旅游市场的旅游品位和个性化需求的升级,旅行社私人定制产品市场也在不断扩大,也涌现出众多创意策划成果。

三、旅游活动策划

旅游地要发展,旅游活动可以起到催化的作用。旅游活动相异于常规的旅游产品,只在特定时段内供应,可在短时间内吸引大量的游客,形成一定的市场轰动效应,既有利于带动旅游产品的销售,又有利于扩大旅游地知名度。现代旅游地发展越来越重视旅游活动的策划。

旅游活动策划是旅游策划的细分类型,一般是指以开展某项特定主题活动、提高活动吸引力、保障活动的顺利举行为目标所进行的策划。旅游活动策划的主体,一般是旅游地和旅游企业的管理部门以及活动策划执行部门。

材料阅读1-3

鼋头渚樱花节

素有"太湖第一名胜"之称的鼋头渚风景区,源于自然,尊重造化,园内造景颇有"清水出芙蓉,天然去雕饰"之感。其中,以春季的樱花美景最负盛名。

鼋头渚是无锡品牌旅游景区,但在21世纪之初旅游发展存在一定的产品和品牌老化现象,在激烈的旅游竞争中,鼋头渚的

可持续旅游发展受到阻碍。在这一背景环境下,鼋头渚在景区现有樱花林和独特的樱花景观基础上,将春日去鼋头渚赏樱这一无锡地方习俗进行传承和发扬,策划并推出了鼋头渚樱花节活动。

2003年,举办第一届无锡太湖鼋头渚国际樱花节;

2010年,鼋头渚"樱花谷"建成开园,成为国内最大的赏樱区;

2014年,在全国范围内首次推出"夜樱游园会",打造"晨赏、日赏、暮赏、夜赏"赏樱四部曲;

2015年,鼋头渚更将樱花文化融入真山真水之中,增设水上赏樱专线;

2017年,通过几代人的匠心打造,鼋头渚被央视报道为"世界三大赏樱胜地之一";

2019年,鼋头渚"樱花季"景区接待量创新高,共接待游客150万人次;同年,园内建设完成新型休闲度假酒店——樱花山庄;

2021年,打造"樱花+住宿""樱花+船菜""樱花+游船""樱花+文创"等系列旅游产品。

时至今日,园区赏樱面积达到85万平方米。景区内种植有3万多株100多个品种的樱花树,核心赏樱区超过20万平方米,每年的3月初至4月下旬早樱、中樱、晚樱持续开放,是中国目前最大的集观赏、休闲、科普于一体的樱花游览胜地。

表1-1 鼋头渚樱花节旅游营收数据

年份	二次营收/万元	门票收入/万元	总营收/万元	购票人数/万人
2014	551.92	2 860.4	3 412.32	36.98
2015	874.66	3 950.57	4 825.23	50.19
2016	940.1	3 817.71	4 757.81	44.85
2017	1 151.57	4 770.91	5 922.48	57.98
2018	1 554.71	6 164	7 718.71	72.41
2019	2 079	7 993	10 072	105

自2003年以来,每年鼋头渚樱花节期间,主办方都会策划一些年度特色活动,如万人齐跳樱花舞、夜赏樱花游园会等活动,为樱花节游客提供非常有特色的体验,为鼋头渚樱花节的品牌成长奠定了良好的基础。

四、旅游商品文创

旅游商品文创也是旅游策划的细分类型之一。旅游商品文创具体是指通过挖掘旅游所在地的文化，融合地域历史和文化因素，将旅游地特色以商品创意方式呈现。早在21世纪初，一些旅游地就开始尝试旅游商品文化创新。杭州市于2007年举办首届文化创意产业博览会，成为我国具有影响力的文创展览品牌盛会，旅游商品文创产业也随之不断发展壮大，西湖绸缎伞、三潭印月香炉等创意旅游商品开始不断上市。

2014年3月27日，国家主席习近平在联合国教科文组织总部演讲时指出："让收藏在博物馆里的文物、陈列在广阔大地上的遗产、书写在古籍里的文字都活起来。"在文旅结合、文化创意产业背景下，目前我国旅游商品文创被提升到重要地位。

2016年故宫商品文创为全文旅行业做出了杰出表率，并激发了全国旅游行业的商品文创热情。2017年，《国家宝藏》栏目的播出，引发了观众对《千里江山图》画卷作品的极大热情；同年，故宫《千里江山——历代青绿山水画特展》让"青绿山水"这一书画文化走进大众视野，自此开启了中国文化的"青绿"热。2022年央视春晚《只此青绿》歌舞节目便是对"青绿山水"文化的传播和创新，也是对大众"青绿"文化热情的回应。依托"青绿"文化，故宫联合高校、设计公司等相关单位，开发了系列"青绿"主题文创商品，深受消费者喜爱。创新是民族进步的永恒动力，中国悠久灿烂的传统文化是创新创意的不竭源泉，党的创新发展精神为当代各种创新实践提供了绝佳的契机和土壤。

2021年，文旅部发文《关于推进旅游商品创意提升工作的通知》，组织实施旅游商品创意提升行动，把旅游商品打造成为广大人民群众感悟中华文化、坚定文化自信的重要载体，推动创意下乡、创意进景区。

五、旅游形象策划

旅游形象策划是旅游策划的细分类型，一般是指旅游地或旅游企业经过人为干预的形象再造过程，主要目的是提高旅游地的知名度和美誉度，吸引更多旅游者前往。由于旅游形象的塑造是个复杂且长期的过程，因此，旅游形象策划涉及诸多内容，主要包括口号、标识、图片、推文、故事、新闻、渠道等的设计。

材料阅读 1-4

世界上最好的工作——澳大利亚大堡礁形象推广策划

在风景如画的岛屿上散散步，喂喂鱼，写写博客，告诉外面的人自己在岛屿上的"探索之旅"。这样工作6个月，就可以得到15万澳元（约70万元人民币）的薪酬。听上去不可思议是吗？澳大利亚昆士兰旅游局日前就推出了这样一份"世界上最好的工作"。

2009年初，美丽的大堡礁成为世界上关注度最高的景点。这份梦幻般的工作由澳大利亚昆士兰旅游局提供。根据这份"世界上最好的工作"活动网站的介绍，招聘的岛屿看护员将在澳大利亚的大堡礁进行为期6个月的工作。大堡礁长达2 300多公里，沿途坐落着无数个热带海岛。岛屿看护员的工作内容包括喂鱼，保持水池干净，最重要的是探索大堡礁的群岛，并向外界报告自己的探索之旅。岛屿看护员可以通过更新博客和网上相册、上传视频、接受媒体采访等方式，向外界报告自己的探奇历程。此外，旅游局还会安排岛屿看护员进行一些体验活动，包括体验新式奢华水疗、潜水以及丛林徒步旅行等。

作为回报，岛屿看护员不仅可以获得15万澳元的报酬，还可以免费居住在岛上的奢华海景房中。这套海景房拥有3间宽敞的卧室、2个洗手间、全套设备的厨房、娱乐系统等。此外，岛屿看护员还能享受私人泳池、日光浴室、大观景阳台以及户外烧烤设施等。进行岛上巡视时，岛屿看护员则可以驾驶配给他的一辆小高尔夫球车。

很多旅游地的旅游形象推广部门都在想尽一切办法提升旅游地形象，有意策划新闻是方式之一。"世界上最好的工作"招聘事件，是一个成功的形象推广事件，目的就是向全球推广澳大利亚昆士兰州大堡礁群岛。全球金融危机之下，不少企业裁员减薪，昆士兰州旅游局却逆市而动，推出半年薪水高达15万澳元的诱人工作岗位。招聘广告贴出后，很多知名报纸等都对这令人难以置信的工作进行了报道，这份面向全世界招聘的工作在全球刮起了应聘热潮，引起了全球的极大反响，带来了大量的网站访问者，成功将大堡礁美丽的自然风光传递给受众，提高了旅游地的知名度和美誉度。

六、其他

旅游策划涉及领域众多，除以上主要类型之外，旅游策划还包括旅游营销策划、旅游广告策划、旅游导览系统设计等诸多领域。

组件三　旅游策划的一般流程

一、立项阶段

旅游策划一般有两种背景，一是委托策划，二是无委托策划。委托策划是指旅游目的地或旅游企业（甲方）委托外部的旅游策划公司、高校研究团队或专门业务机构等（乙方）完成某项旅游策划工作。委托策划一般属于商业行为，策划的主体是乙方。无委托策划是指策划工作由旅游目的地及旅游企业内部的策划部门或策划团队完成。委托策划和无委托策划在行业实践中都很常见。

委托策划常常涉及策划项目的立项阶段。立项初期，甲方确定意向的旅游策划单位之后，一般会召开项目说明会，介绍旅游地或旅游企业概况，明确甲方的本意和要求，并邀请乙方开展实地考察。

经过会议和考察等环节之后，乙方对策划的内容和目的地背景都有了大致的了解，对策划任务和背景条件可形成初步印象，同时也可判断是否能承担此策划任务。在此基础上，双方可签订委托策划合同，委托策划合同的主要内容有明确双方的责任和权利、明确策划的内容和目标、明确策划所需的费用等。

委托策划过程中往往伴随着密集的沟通行为，立项初期受委托方常常对策划涉及的旅游地或旅游企业缺乏基础了解，因此，积极有效的沟通以明确委托方的意图至关重要；同时，策划过程中，受委托方和委托方需要就项目策划的主旨、地方性支持条件等进行详细沟通，从而确保策划方案的可操作性。

二、拟定计划阶段

大中型旅游策划项目,无论是委托策划还是非委托策划,策划主体在明确接受策划任务之后,一般会进入另一个阶段——拟定计划阶段。此阶段主要是对策划工作进行阶段性安排,如何时开展调查、何时组织会议讨论、何时出初步成果、何时完成任务等;同时确定好策划团队人员、明确团队人员分工,做到职责分明。

三、调查分析阶段

前期调查是旅游策划工作中非常基础的一个环节,同时也是必不可少的一个环节。调查阶段的主要工作包括以下几点。

(1) 明确调查的主要方向和内容,一般根据具体的策划主旨来确定。

(2) 间接调查,收集二手资料,主要包括企业内部资料、政府统计资料、书刊资料等。

(3) 直接调查,收集第一手资料,主要包括现场观察、问卷调查、相关单位走访等。

调查结束后,要进行小组内资料的汇报、讨论、分析,并撰写规范的分析资料,如分析报告或调查报告等,为后续的策划思想提供逻辑支撑。

四、创意构思阶段

旅游策划创意的来源一般有三种。

一是借鉴他人经验。对于某些活动策划、产品策划,可能在社会上已经存在解决方案或成功经验,作为策划人员,可以在借鉴其他人成功经验的基础上,针对具体的策划场景,在已有的经验、范例、思路的基础上针对具体的策划对象提出更好、更适合的解决思路、方法。

二是内部讨论。每一个策划团队的人员在前期调查分析和思考过程中,都有一些关于策划对象的想法或思考,但可能是个点子,没有形成方案。在创意策划阶段,可通过会议讨论、头脑风暴法等方法、途径,对策划小组内部成员进行广泛的征询和调查,最终提炼出创意策划思路。

三是来自策划人员的个人灵感。某些策划人员尤其是策划团队核心人物,基于个人广博的见识、丰富的经验和灵敏的策划意识,在策划创意阶段,往往能将个人的灵感加以组织,形成一套或几套成熟的创意思路或方案。

最初的创意可能是一个点,如一个词、一个资源、一个方向;这个点需要继续讨论、分析形成一个策划方案;讨论分析的重点是该策划方案的创造性、可行性、效益性。

五、编制策划方案阶段

一般来说,大中型策划和委托策划,都需要制作策划方案的成果。旅游策划的最终成果一般是策划文案或设计图纸。策划文案是关于策划思想的一种规范且正式的文字说明,用以指导旅游目的地或旅游企业后续的产品开发、活动开展、经营管理等。策划文案的初稿是委托方和被委托方关于策划思想沟通的重要媒介,策划文案的终稿是策划的直接成果。

旅游策划文案,一般以文字为主、图片为辅。不同类型的策划方案,策划书内容不同。

六、评审和完善阶段

策划成果初步完成之后,策划团队一般会召开专门会议,邀请委托方或行业专家参与,对策划方案提供评判和审查,并提供进一步的完善意见。然后根据委托方和专家的意见,进一步完善策划方案,并将最终成果提交给委托方。

以上为委托策划或大中型策划的基本流程。在行业实践中,一些小型策划或企业内部策划流程会趋于简单。无论何种形式的旅游策划,基本程序都遵循下图模式:

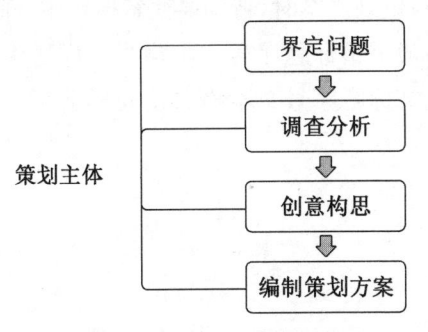

图 1-2 小型策划的基本流程

组件四　旅游策划文案编制与交流汇报

一、旅游策划文案制作

1.1　旅游策划文案的内容

一般来说,旅游策划都需要制作策划文案。策划文案是旅游策划方案和思想的成果显示,也是策划者与相关方的沟通媒介,一般以文字形式为主、图片为辅,包括纸质文案和电子文案。不同类型的旅游策划,其策划文案的具体内容和形式均有所不同,如旅游活动策划方案一般是对活动主题、特色活动、活动流程等进行文字为主、图文结合的说明;旅游产品策划方案则是对旅游产品设计的背景、适应的目标市场、落地位置、总体雏形等进行的文字为主、图文结合的说明;旅游商品设计方案一般是对商品设计的创意构思和商品的形态、生产加工方式等的图文结合的说明。

1.2　旅游策划文案的格式规范

旅游策划文案的格式规范符合一般书籍文本规范的基本要求,也即标题格式统一、正文格式统一、段首空 2 行、插图插表形式统一等。格式统一,主要是指文本的字体、颜色、是否加黑、行间距等前后保持一致。

一般规范文本标题包含若干个逻辑层次,如一级标题、二级标题与三级标题,一级标题下包含多个二级标题,二级标题下包含多个三级标题,复杂文本内容甚至包含更多层级标题。

在规范撰写策划文案时,特别要注意标题序号间的逻辑包含层次。一方面,一般书籍标题序号文本格式同样适用于策划文本;另一方面,学术论文标题序号文本格式也同样适用于策划文本,如下图所示。

大学生旅游节策划书	……旅游产品开发策划书
一、活动背景及意义 （一）活动背景 　　……（正文） （二）活动意义 　　1. 丰富大学生课外生活 　　……（正文） 　　2. 增强大学生对第二故乡的了解 　　……（正文） 二、活动组织机构 ……	1. 项目发展基础 1.1　项目发展背景 　　……（正文） 1.2　项目区位和交通 　　1.2.1　农场区位 　　……（正文） 　　1.2.2　农场交通 　　……（正文） 2. 项目目标与定位 　　……（正文）

图 1-3　旅游策划文案标题序号常用版式

1.3　旅游策划文案中的插图

文字是一种重要的交流媒介形式，其基本功能在很多场合无法被其他媒介形式所替代。但是某些时候，旅游策划方案中的有些内容很难通过一般文字传达其准确意义，如颜色的美感、复杂的逻辑层次等；并且，有些文字阅读对一些受众来说可能是"费脑"的，不受欢迎的。因此，有时候以图片的形式来阐述思想和内容常常更有效。请大家对比以下 2 组文字和图片在文本中的表达效果。

表 1-2　文字—插图表达效果对比

文字	图片
本次活动是闭环路线，由蠡湖之光出发，途径蠡湖展示馆—渤公遗廊—蠡堤—渔父岛，最后经沿湖路径返回蠡湖之光出发集合处，全程步行约 2.5 小时，沿途有 2 个补给点。	
本次夜跑活动选址在尚贤河湿地公园。公园内的健身步道舒适美观，被称为无锡最美跑道。	

文字和图片的功能在传达信息方面相辅相成，文字提供详细的解释和背景，图片提供视觉表现，可以增强理解和参与，使信息更容易被理解。因此，在旅游策划文案中，应适时插入图片甚至专门制作图片来传达文字难以表达的信息。

【技能迁移】

不同类型的旅游策划文案的格式要求基本相同，掌握了旅游策划文案的一般格式要求之后，可以将这些格式规范运用于多种类型的旅游策划文本中，如旅游活动策划文案、旅游产品策划文案等。

二、旅游策划方案的汇报

2.1　旅游策划方案汇报的内涵

旅游策划方案汇报是旅游策划的基本环节，一般发生在策划过程中和策划方案完成后。策划方案汇报本质上是一种关于策划思想的交流，汇报者结合策划文本、图片、PPT等辅助材料，向策划委托方或其他相关方阐述策划团队的创意思想，并说服委托方或其他相关方接受己方的创意思想，从而完成策划任务。

2.2　旅游策划方案汇报的注意事项

策划文案编制完成之后，策划团队需要通过汇报来展示策划成果和亮点。策划内容系统性的特点，使得策划书的交流汇报不同于一般日常口头交流。为了使委托方或主办方、承办方等相关方更好地理解策划方案的内容，理解和接受策划方案，策划团队需要认真准备汇报工作。

策划方案的汇报，有一些基本的要求，主要表现在以下方面。

2.2.1　选定合适汇报人

一般情况下，策划方案由团队共同合作完成，团队成员对自己所完成的那一部分策划内容最了解。团队内往往有些成员较擅长演讲，在介绍方案时激情四射，能够条例清晰、准确无误地表达；有些成员则不擅长表达，在做策划方案时思路清晰，但在汇报时声音小、地方口音浓重或是怯场，就会严重影响汇报效果，甚至不能准确地表达出策划方案的内容和重点。所以，策划方案的汇报工作可由团队内熟悉策划内容并善于语言表达的团队成员来承担。

2.2.2 汇报前充分准备

确定好汇报人员之后,汇报人员和策划团队需要就汇报进行必要的准备,包括文本、图片、汇报设备等的材料准备,还包括对汇报纲要、关键词阐述、方案亮点等的内容准备。

2.2.3 汇报团队的仪表精神

仪表精神是策划团队或汇报人员的礼节意识和精神状态的外在表现。汇报策划方案时,一般穿正装,尽量穿戴整齐,给对方留下一个好印象。汇报前要保证充足的休息,汇报时要神态自然、语态大方、语言表达流畅、内容讲解清晰。

2.3 旅游策划方案汇报的技巧

2.3.1 分析听众

不同的汇报场景,其听众不同。策划团队汇报策划方案的根本目的是让听众理解方案并认同方案,而每个听众都是在自己的思想认知和思维方式框架内去理解他人的语言和文字。为了提升汇报交流效果,策划团队应对听众有基本的了解,并进行必要的分析,比如听众是谁,哪些人对方案的采纳起决定作用,听众的行业背景、知识层次、年龄层次如何等。并以此为基础,在汇报时开展更有效的沟通和交流。

2.3.2 提前梳理汇报思路或撰写讲稿

由于策划方案的复杂性和专业性,即使经验丰富的汇报者,在汇报前也应该提前梳理汇报思路、构思汇报纲要,从而保障汇报时语言清晰,便于听众理解。最好结合汇报时间要求对汇报内容进行合理安排,对一些听众可能不了解的小众概念、专业名字等进行必要的补充介绍或专门介绍,要避免过多介绍听众已经了解的信息,避免出现背景信息讲得太多,策划重点、亮点、创新讲得太少的情况。

为了提升汇报的交流效果,汇报人员需要提前构思汇报内容纲要,尤其是需要提前构思方案的创意和亮点的语言文字表达。因此,在汇报前,策划团队应仔细研究自己的方案设计,总结出方案的亮点,并思考方案可能存在的问题,提前对对方可能的提问做好应答准备。欠缺经验的汇报者则应提前梳理汇报思路、撰写讲稿。特别要注意的是,讲稿不是方案的简单重现,而是通过文字和语言将策划方案讲清楚并争取到听众的理解和认同。讲稿完成后,汇报者要多尝试演练,并消化讲稿中的每一个字词,避免出现现场读讲稿或背讲稿的尴尬场面。

【技能迁移】

　　上述旅游策划方案汇报的技巧和注意事项适合经验不丰富的汇报者。在实际行业工作中,随着汇报者相关经验的增长,汇报能力和技巧将日趋精通。在此背景下相关汇报交流技巧和能力可逐步迁移至其他旅游策划方案汇报中甚至其他场合汇报交流中,如旅游活动策划文案汇报、旅游产品策划方案汇报,以及其他各种策划活动沟通中。

课后练习

一、判断

1. 旅游策划的过程是运用旅游学相关理论去分析问题、创造性地解决问题的过程。
（   ）

2. 旅游策划一般是指旅游创意的前期基本构想，是旅游创意的出发点。（   ）

3. 旅游活动策划的主体一般是被称为旅游智囊、旅游"大脑"的资深专家及团队。
（   ）

4. 德清裸心谷是我国著名的特色文旅小镇。（   ）

5. 三潭印月香炉是杭州市旅游文创商品的代表。（   ）

6. 旅游策划文案一般以图片为主、文字为辅。（   ）

7. 旅游策划文案的格式规范与一般书籍的文本格式规范完全不同。（   ）

8. 旅游策划文案中，图片可以提供视觉表现，可以增强理解和参与，使策划文本信息更容易被理解。（   ）

9. 经验丰富的旅游策划方案汇报者，汇报前不需要梳理汇报思路、构思汇报纲要。
（   ）

10. 经验不丰富的旅游策划方案汇报者，汇报前应梳理汇报思路、撰写讲稿。
（   ）

二、填空

1. _____是旅游策划的细分类型，具体是指在对旅游地发展的可行性、必要性及可能出现的问题的分析基础上，对旅游地发展战略思想、战略目标及战略重点的谋划。

2. _____是旅游策划的细分类型，具体是指以旅游资源为基础、以旅游市场为导向、以特色为根本、以效益为目标，设计具有增强旅游体验功能的产品的过程，包括旅游产品主题、功能、市场定位、产品要素等综合分析研判。

3. _____是旅游策划的细分类型，一般是指以开展某项特定主题活动、提高活动吸引力、保障活动的顺利举行为目标所进行的策划。

4. _____是旅游策划的细分类型，一般是指旅游地或旅游企业经过人为干预的形象再造过程。

三、简答

1. 什么是旅游策划？

2. 什么是旅游商品文创？

3. 旅游策划的流程一般包括哪些阶段？

四、指出错误并改正

扫描下面的二维码，指出策划文案中的基本格式错误并改正（不少于10处）。

技能二　旅游节事策划

学习目标

1. 能够解释旅游节事的概念
2. 能够列举旅游节事的类型
3. 能够复述旅游节事策划的主要内容
4. 能够解释旅游节事策划的原则
5. 能够运用旅游节事主题策划的原则和技巧
6. 能够运用旅游节事流程策划的要点
7. 能够设计旅游节事策划方案

本章资源

学习内容思维导图

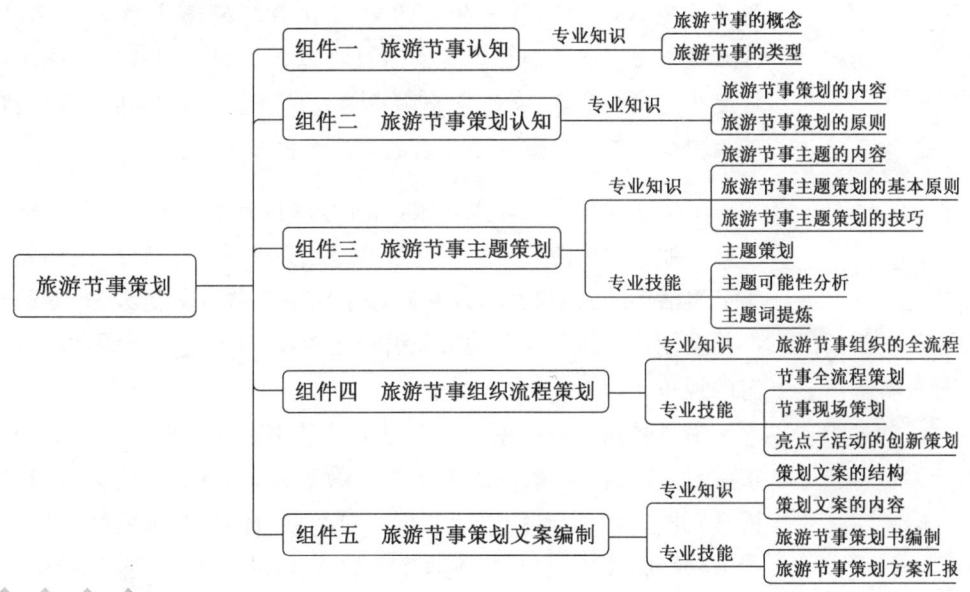

```
                                                                    旅游节事的概念
                       组件一  旅游节事认知 —— 专业知识
                                                                    旅游节事的类型

                                                                    旅游节事策划的内容
                       组件二  旅游节事策划认知 —— 专业知识
                                                                    旅游节事策划的原则

                                                                    旅游节事主题的内容
                                              专业知识              旅游节事主题策划的基本原则
                                                                    旅游节事主题策划的技巧
旅游节事策划 —— 组件三  旅游节事主题策划
                                                                    主题策划
                                              专业技能              主题可能性分析
                                                                    主题词提炼

                                              专业知识              旅游节事组织的全流程
                                                                    节事全流程策划
                       组件四  旅游节事组织流程策划
                                              专业技能              节事现场策划
                                                                    亮点子活动的创新策划

                                                                    策划文案的结构
                                              专业知识
                                                                    策划文案的内容
                       组件五  旅游节事策划文案编制
                                                                    旅游节事策划书编制
                                              专业技能
                                                                    旅游节事策划方案汇报
```

关键概念

1. 旅游节事	2. 城市品牌旅游节	3. 民族传统节会	4. 时令花果节庆
5. 体育休闲赛事	6. 旅游节事策划	7. 旅游体验共创	8. 旅游节事主题
9. 既有性主题	10. 创新性主题	11. "时"的技巧	12. "势"的技巧
13. "术"的技巧	14. 组织机构	15. 主办单位	16. 承办单位
17. 节事筹备阶段	18. 节事推进阶段	19. 节事现场阶段	

组件一　旅游节事认知

一、节事活动的旅游视角

【案例一】

2016年是杭州城市发展史上一个重要里程碑,这一年G20峰会在杭州成功举办,让杭州有了向世界充分展示自己的舞台。也是这一年,杭州进入GDP万亿城市队伍,获得"全国质量强市示范城市"称号。更重要的是17万、28万、33.8万、55.4万、160.5万,这是2016年至2020年杭州新增常住人口的加速度。

在G20峰会期间,为了欢迎各国来宾,中方在杭州准备了一场精彩的文艺演出——《最忆是杭州》。演出在户外的水上舞台举办,场景美轮美奂。该演出的技术难度在当时的演出中实属罕见。G20峰会文艺演出的外国观众不仅可以体会到中国传统文化和地域文化的极强美感,也能感受到中国改革开放以来的伟大成就;很多中国观众更是被激发了浓烈的大国意识和国家自豪感。

节事活动并不是新兴现象,古往今来世界各地举行的节日遍布全球各地。但旅游节事是一个新概念。一些地方或组织机构发现了节事活动的旅游吸引力,开始基于经济利益或其他考虑,专门举办甚至创建一些节事活动来吸引外地游客,从而使节事活动进入旅游的视角。

最早受到各地关注的一般是大型节事和标志性节事。大型节事一般关联活动的影响力和参与人数规模,如世界博览会(简称世博会)、奥运会等;而标志性节事一般关联旅游目的地的知名度、吸引力和品牌效益,如西双版纳泼水节、潍坊风筝节等。最具趋势性、代表性的旅游节事包括事件、节日、会议和体育赛事等。随着时间的推移,其他各种主题的节事的数量仍在持续大幅增加,并成为旅游业中增长最快的部分之一。

激励人们前往一个地方的景点是多种多样的。自然、文化、遗产、商业和休闲活动是最常见和被广泛接受的旅游景点,但将节事纳入景点的观点是相当现代的。与其他景点相比,节庆和事件,无论是临时的还是永久性的,无论是一次性的还是定期的,在大规模吸引游客方面发挥着重要作用。

与所有形式的旅行一样,外地游客参与节事被界定为旅行或旅游,是基于这些节事给参与者带来的旅游体验本质,也即节事参与者能获得诸多积极情感体验和美好回忆。

二、旅游节事的概念

当人们提到冰雪节,就会联想到哈尔滨;提到啤酒,就会联想到青岛或大连;提到奥斯卡,就会联想到美国的洛杉矶;提到奔牛节,就会联想到西班牙……可见,节事已经与一个城市、一个国家的品牌紧密相连。节事极大地影响和提升旅游场所的旅游经济发展,成为旅游场所重要的营销和推广途径。

近年来,国内外很多城市认识到旅游节事对于推广举办地的形象有重要意义,于是纷纷策划独具特色的节事活动,为举办城市知名度的提高、举办企业经济效益的提升、相关产业的发展,起到了强有力的助推作用。作为旅游系统中最重要的部分——各种类型旅游场所,也在积极策划和举办各类节事活动。

旅游节事是指规模不等、有特定主题、在特定地区及特定日期周期性举办的,能吸引区域内外大量游客的各种旅游节日活动、节庆庆典、赛事活动、纪念事件等。

旅游节事的表现形式多种多样。如体育赛事——奥运会,主题展览——世博会,景观欣赏——花卉节,美食体验——美食节,民俗传统节日——泼水节等。

旅游节事的主题数不胜数。体育赛事旅游节事主题有环青海湖国际公路自行车赛、郑州国际少林武术节、南非摩托车节、加拿大育空河探索皮划艇赛事等;纪念历史名人旅游节事主题有宁海徐霞客开游节、曲阜孔子文化节、成都诗圣文化节(杜甫)等;时令花卉节事主题有洛阳牡丹节、南京梅花节、上海樱花节、井冈山杜鹃花节等;此外,音乐主题、灯光主题、读书主题、烟花主题等各种特色的节事主题更是不胜枚举。

尽管旅游节事的表现形式和主题多种多样,但旅游节事有其自身的本质属性,主要包括以下几点:

(1) 有特定主题。

(2) 周期性举办,一般是一年一度。少数大型节事2年一办或5年一办,如世博会的举办周期是5年,近3届世博会分别于2010年、2015年、2020年举办。

（3）一般是在特定地区或由特定单位连续举办。少数大型节事在一些知名城市轮办。如中国国际旅游交易会在上海和昆明交替举办。2010年世博会举办地是上海，2015年世博会举办地是米兰，2020年世博会举办地是迪拜。

（4）旅游体验内容相异于非节事期间的常规旅游产品。例如一些花卉节，游客可以在节日期间欣赏到花卉盛开的美景，节日之外的景观则大打折扣。

三、旅游节事对旅游目的地的重要意义

在一些旅游目的地，节事是其旅游产品的关键部分。

【案例二】

2021上海"云上"旅游节，以"建筑可阅读，城市微旅行"为主题，围绕上海近现代经典建筑，开展了专题介绍和导览导游。活动举办期间的重点推荐活动："建筑可阅读"十二时辰全媒体大直播，直播间现场连线多位主持人和众多UGC达人，他们在镜头前实地探访上海市100余处特色优秀建筑，向线上游客将上海的建筑故事娓娓道来。同时，"建筑可阅读"微信小程序上线，全面系统呈现了上海几乎所有的特色建筑的影音和故事。2021上海"云上"旅游节活动的开展，为上海市民和全国网友提供了阅读上海城市建筑、了解上海城市特色、感受上海城市魅力的机会，大大提升了上海市的旅游品牌形象。

【案例三】

哈尔滨国际冰雪节是中国乃至全球最著名的旅游节庆之一，它以独特的冰雪资源和冰雪艺术，吸引了国内外大量游客。哈尔滨冰雪节的历史较早，最早可追溯到当地民俗传统活动——冰灯游园会。后随着哈尔滨冰雕艺术产业的发展，哈尔滨先后开发了冰雪大世界、太阳岛雪雕艺术博览会等几个大型冰雪主题旅游场所，逐渐引发了冬季"冰雪"消费热。2023—2024哈尔滨冰雪节，不仅吸引了大批"南方小土豆"南客北上，其入境游市场也在快速复苏。哈尔滨冰雪节不仅为当地带来了巨大的旅游经济收益，同时也创造了大量的旅游服务就业机会。同时大量冰雕和雪雕的创造需要大量的

技术人员和艺术家的参与,因而也带动了冰雕、雪雕设计产业的发展。此外,冰雪节还带动了当地滑雪场、溜冰场和冰雪运动器材等产业的发展。

【案例四】

"从泥土到衬衫":澳大利亚棉花会议。自二十世纪六十年代以来,澳大利亚棉花产业已发展成为澳大利亚第五大最有价值的农产品出口产业。澳大利亚棉花种植者研究协会于1982年举办了第一届棉花会议。从那时起,该会议每两年在澳大利亚昆士兰州黄金海岸举行一次。该会议的目的是让种植者有机会成为澳大利亚关于研究资金用于何处和如何使用的决策过程中的一部分。2008年,棉花会议的主题是"从泥土到衬衫",会议期间有多场大型会议,吸引了包括从种植者到零售品牌的广泛利益相关者和普通游客,其中包括2 460多名代表、150名演讲者和小组成员、28家赞助商、110家参展商和12家初创公司。

以上三个案例从不同角度展示了旅游节事对旅游目的地的重大影响。实际上,旅游节事能够给旅游目的地带来诸多积极影响,主要包括:

(1) 传播地方优秀文化,提升目的地知名度、形象、品牌、竞争力;

(2) 增加目的地的游客数量;

(3) 带动目的地的住宿、餐饮、交通、购物、度假村、公园等发展,创造就业机会,促进旅游创收;

(4) 社区方面,升级了活动设施和基础交通设施,有助于改善社区生活质量和提升公共服务;

(5) 大型节事和重大节事是促进旅游业、吸引投资、促进国家发展和促进城市重建的工具,可以带来非凡的旅游消费,对东道主国或城市有巨大影响;小型节事活动同样可以给社区带来积极的经济效益和社区效益;

(6) 游客因为出席活动而提升幸福感。

因为旅游节事对目的地的重大意义,许多目的地将传统节日和地方特殊事件视为景点予以开发和推广,并将其作为目的地营销策略的一部分。

技能二　旅游节事策划

四、旅游节事的类型

基于旅游系统的复杂性,旅游节事类型多种多样。按表现形式,旅游节事可分为展览、会议、赛事、美食、花卉、民族传统艺术、地方特色景观等活动;按规模,旅游节事可分为大型、中型、小型活动;按组织者,旅游节事可分为政府性、企业性和民间性活动。

下面重点介绍我国旅游行业较为常见、影响力较大的几类旅游节事,包括城市品牌旅游节、民族传统节会、历史名人纪念节庆、时令花果节庆和休闲体育赛事。其中,城市品牌节庆活动与其他类型节庆活动存在交叉,如洛阳牡丹节,既是洛阳城市品牌旅游节事,也是时令花果节事。

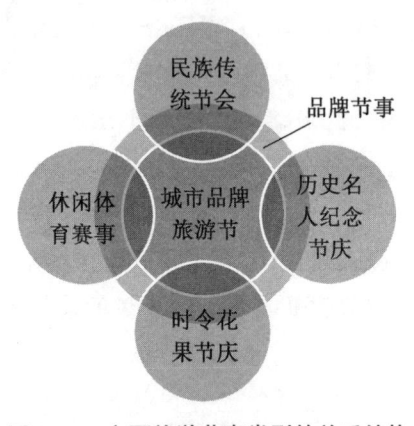

图 2-1 主要旅游节事类型的关系结构

4.1 城市品牌旅游节

城市品牌旅游节是指以地方政府为主要主办单位和承办单位,以传播城市特色旅游品牌形象、提升旅游城市的知名度和美誉度为主要目的的旅游节事,如上海旅游节、西安旅游节、哈尔滨国际冰雪节等。城市品牌旅游节事活动的规模和影响力都非常大。

城市品牌旅游节一般每年定期举办,活动主题力图彰显城市特色,如哈尔滨国际冰雪节、浏阳国际花炮节。同时,一些城市品牌旅游节事在年度主题上也会彰显时代特色,如 2021 上海"云上"旅游节、2022 西安微度假旅游节等。

4.2 民族传统节会

民族传统旅游节会一般是指将具有特色的民俗传统节日,从旅游产业的角度予以开发、策划和组织，吸引游客前往体验的节庆活动。如西双版纳泼水节，原本是傣族人民过新年的一种庆祝方式，后经当地旅游开发，成为现在每年能吸引大量游客前去体验的一种旅游节事活动。

伴随中国旅游产业的快速发展和各地如火如荼的旅游开发，各地、各民族纷纷以欢度传统佳节为内容推出了众多具有民族传统特色的节庆，如南京的秦淮灯会、内蒙古的那达慕大会、玉溪市的彝族火把节，以及各地欢度元宵、欢度端午、欢度中秋、欢度春节等各种民族传统旅游节事活动。

4.3　历史名人纪念节庆

中国历史悠久、文化璀璨、历史名人众多。很多历史名人在当代依然活着，活在教科书里、活在典籍里、活在荧幕上、活在人们的口口相传中，是当代人最喜闻乐见的一类传统文化符号。精忠爱国——岳飞、伟大领袖——毛泽东、儒家学派创始人——孔子、诗仙——李白、鞠躬尽瘁——诸葛亮、以笔为刃——鲁迅、虎门销烟——林则徐等，这些名人符号的背后，往往有振奋人心的传奇故事和人格力量，激励着一代又一代中国人奋勇争先，勇于奉献。

很多历史名人有着地域属性，如作家鲁迅——浙江绍兴人，伟大领袖毛泽东——湖南湘潭人，中国古代旅行家徐霞客——江苏江阴人。因此，历史名人常常成为其出生地或者其主要生活地的地方特色文化符号。这些旅游场所据此策划、举办旅游节事，如曲阜孔子文化节、江阴徐霞客旅游节等。旅游场所基于宣传当地的名人文化，从旅游节事开发的角度策划、组织和举办名人纪念节庆活动，取得了广泛的社会关注，吸引了众多参与者，推广了旅游品牌。如曲阜孔子文化节已连续多年举办，以纪念孔子、弘扬中国传统文化为目的。节庆期间吸引了大量外地游客前来瞻仰圣人风采、感悟儒学文化、丰富休闲体验，取得了显著的社会效益和经济效益。

4.4　时令花果节庆

时令花果节庆一般是指将季节性的植被景观如花卉景观、树木景观等，及季节性水果如葡萄、荔枝、水蜜桃等，在其最佳观赏期或采摘期，从旅游开发的角度予以宣传、策划和组织，吸引游客前往体验的节庆活动。如法国波尔多的"葡萄酒节"，波尔多的葡萄酒闻名世界。节庆期间,各葡萄庄园免费向世界各国游人开放,游客可自由采摘品尝新鲜的葡萄。活动期间,游客还可以用葡萄互相投掷嬉戏取乐或到盛满葡萄的大木桶中跳上几跳,踩碎桶中的葡萄(此为酿造葡萄酒的一道工艺),帮着一起酿造葡萄酒。此外游客还能品尝到最鲜美的葡萄酒,享受无穷的乐趣。

随着我国现代旅游的迅速发展,很多自然生态旅游场所及景区都依托当地生态资源特色推出了具有一定品牌效益的季节性花果主题旅游节事活动,如大泽山葡萄节、洛阳牡丹文化节、北京香山红叶节、无锡鼋头渚樱花节等。

4.5 休闲体育赛事

休闲体育赛事是指参赛者和观赛者的活动具有户外、异地、休闲的旅游特性,同时赛事定期举办,一般一年一赛。目前一些旅游城市流行的各种城市马拉松、自行车赛、皮划艇赛等,都属于典型的休闲体育赛事。休闲体育赛事兴起的背景主要包括以下三个方面:一是城市微度假模式的蓬勃发展,二是基于个人兴趣的休闲旅游日益盛行,三是康养旅游市场份额的持续增长。

城市马拉松赛事具有典型的体育与文旅融合的特色。城市马拉松作为一项近些年来普及率极高的休闲体育赛事,因其极美的赛道受到跑马者的追捧。北京马拉松从天安门到鸟巢的经典线路、杭州马拉松环西湖赛道、厦门马拉松滨海环岛赛道、无锡马拉松环太湖景观赛道等让跑马者对城市充满了期待,给跑马者留下了美好的城市印记。对于举办城市来说,城市马拉松的场地多选取城市最美路段,展现城市最美的一角,举办跑马活动,既能吸引跑马游客,又能宣传城市旅游。

【课后调查与课上交流】

课后调查当地代表性旅游节事,包括节事名称、时间、地点及节事给旅游场所带来的积极影响。课上交流讨论。

组件二　旅游节事策划认知

一、旅游节事策划的概念和意义

1.1　旅游节事策划的概念

旅游节事策划是旅游策划的细分类型,具体是指以开展某项特定主题旅游节事为目标所开展的策划,包括对节事的各要素进行有意义的安排以及对活动启动阶段到活动现场体验阶段的各个环节的创意指导,如节事主题语的提炼、场地的安排、工作人员的分工、活动流程的安排、经费的预算等,旨在为游客创造有意义的体验,同时最大限度地给节事参与者和事件主要利益相关者留下积极印象。

每一项旅游节事策划都是基于特定背景的。有些节事策划委托给第三方专门策划单位完成,有些节事策划由组织者内部完成;有些节事策划是局部的,如为期5天的节事活动中某场半天活动的策划,而有些策划是整体的;有些是展览性质的节事策划,有些是体育赛事性质的节事策划。不同背景的节事策划,策划者的创造意义是相似的,但具体创造内容完全不同。

1.2　旅游节事策划的意义

在旅游产品领域有一个共识:良好的体验来自有目的的策划。节事领域更是如此,因为每一个节事都是涉及诸多关联方协调的活动,每一个节事都有大量的参与者。从吸引游客的角度来讲,对节事主题的精心策划可以提高节事的吸引力和关注度;从游客体验的角度来讲,对节事活动流程、活动场地和活动细节的精心策划可以提高游客的旅游体验,同时为有序参观游览提供保障;从节事可行性来讲,策划过程中需对活动组织人员进行分工、对活动经费进行预算,其相关策划结果可以为活动组织者判断活动的可行性提供参考;从利益相关者角度来讲,节事策划提升了活动吸引力、参与度和满意度,从而为利益相关方带来显著效益。

二、旅游节事策划的主要内容

旅游节事策划主要围绕以下内容开展。

2.1 节事日期、地点和主题策划

日期、地点和主题勾勒了具体某项旅游节事的基本框架和基本方向。既有性旅游节事，也即往年定期举办的某项节庆或事件，其日期、地点和主题可以部分继承往年，部分创新策划。完全创新的旅游节事，对日期、地点和主题要进行全新策划。因三者之间常常相互影响，所以对日期、地点和主题的策划常常需要统筹设计。

民族传统节庆类活动，其日期往往是固定的。季节性植被景观类旅游节事活动，其时间需要结合气候情况，遵循园林生态专家意见，提前1—2个月初步确定最佳观赏或采摘的花期、果期、叶期，再根据最佳观赏期或采摘期来确定活动日期。城市马拉松活动日期，既要选择气候适宜的月份，也要避开同类型其他城市马拉松活动日。其他类型旅游节事活动的日期策划往往都需要统筹考虑。

一些既有性节事的主题可能继承往年，也可以结合时势进行创新设计。延续往年主题的活动，常常需要策划年度主题，或新的子活动主题，来适应新的旅游市场和环境。

节事地点的策划设计，往往需要结合活动时间、活动主题、活动规模等来统筹设计，包括户外场所、室内场所、临时搭建场所等。

材料阅读2-1

"阳山桃源趣味徒步嘉年华"活动路线

2019年，无锡市阳山桃花节策划并举办了系列活动，其中包括"阳山桃源趣味徒步嘉年华"特色活动。

活动思路：桃花盛放期后，水蜜桃上市前，借助5月份"母亲节""国际家庭日"，举办"追梦时代"阳山桃源趣味徒步嘉年华。通过徒步活动线路串联特色田园乡村——朱村、前寺舍等，打造乡村生活化场景，营造乡村氛围，为走进乡村生活、体验乡村文旅导流。

活动形式：桃源徒步＋趣味定向＋乡村生活"节集"体验

桃园徒步线路：

亲子体验组(5公里)：阳山桃文化健身广场——桃源生态小流

域湿地(桃源北路)——桃源西路——桃源南路——桃花岛景观公园——前寺舍

亲子挑战组(8公里)：阳山桃文化健身广场——桃源西路——桃源南路——桃花岛景观公园——桃源中路——西山路——桃源生态小流域湿地(桃源北路)——朱村

2.2 节事子活动策划

一般大型节事和中等规模节事都包含若干个子活动，这些子活动可能对应不同的场地或不同的日期。如某地一年一度的桃花节，节庆日持续一个月。这一个月期间，活动组织方就要组织系列契合桃花主题的相关子活动，比如桃花节开幕式、桃园半程马拉松、桃花节汉服摄影展等。旅游节事环节策划主要是指对节事的子活动专门策划，尤其是主打子活动或亮点子活动的专门策划。如某一策划团队接受了桃花节举办方的委托，委托方的核心诉求就是在该地往年桃花节既有主要体验活动的基础上，设计一个与桃花主题相关的创新创意旅游节主打活动，以增强体验感。

2.3 宣传策划

活动做得好，宣传少不了。旅游节事活动对外传播的途径就是宣传，宣传策划的主要内容包括宣传口号设计、宣传媒体选择、广告创意、新闻策划等。

2.4 费用预算和赞助

旅游节事的组织和实施需要一定的经费保障。旅游活动策划方案中，经费预算至关重要。举办节事的费用预算一般包括场地租用、设备器材、劳务报酬、日常办公支出等。

赞助策划是指对旅游节事举办过程中，赞助商提供的资金、物品、人员等赞助形式的筹划和设计。

2.5 基于游客体验的节事内容策划

节事活动进入旅游行业，是因为其旅游体验的本质，也即游客参与节事能获得诸多积极的情感体验和美好的回忆。而好的体验依赖于策划和设计。

旅游节事体验策划的依据为参与者的旅游体验偏好。每一个节事都是具体的、独特的，因此其参与者的类型也是具体的。如音乐节的参与者一部分是音乐爱好者，读书节的参与者一部分是读书爱好者,城市马拉松的参与者一部分是体育休闲爱好者,每一类参与者的旅游偏好也是具体的。因此,旅游节事体验策划是基于具体节事的细分市场的,细分市场调查是旅游节事体验策划的基础工作。

旅游节事体验策划也以往届节事的游客满意度为基础。大部分旅游节事是既有性的,也即往年举办过。往年举办过程中的游客满意度调查是新一届旅游节事体验策划的重要基础。

2.6 基于利益相关者考虑的节事策划

一般来讲,旅游节事涉及的利益相关者主要包括主办方、承办方、参与者、赞助方等。由于每个节日或事件都是具体的、独特的,可能涉及各种不同的利益相关者,因此,节事的主要利益相关者需要根据具体节事具体分析。

以广州国际灯光节为例。广州国际灯光节自2001年以来已举办多届,目前已成为广州最重要的节日和标志性活动之一。节日在每年11月举办,持续大约2周,每次都会吸引数百万人参加。从第一届开始,由于参与者人数众多、关系复杂、资源有限,节日和城市管理者面临着重大挑战。这个节日的组织机构主要是地方政府和当地企业。地方政府直接参与节日管理,是该节日的董事会成员,为节日提供资源、支持和决策;他们可以有效地协调整个城市的资源,如信息、安全、公共交通、卫生、环境清洁、营销、财务、电力等资源,确保节日成功举办。而地方企业则负责策划节日内容和活动。而这些组织者、管理者、协调者、执行者、策划者等都是节日的主要利益相关者。

三、旅游节事策划的原则

3.1 细分市场导向原则

不同类型的旅游节事参与者类型可能完全不同,如城市马拉松和乡村音乐节的参与者类型可能完全不同。由于每个节日或事件都是具体的、独特的,因此可能涉及不同类型的参与者。

文学活动,如南京读书节。南京作为联合国教科文组织评定的"国际文学之都",以其深厚的文化底蕴和文学传统,每年举办与文学相关的一系列节庆和活动,如南京读书节、全民读书日、青年文学周等读书主题节庆活动,参与者主要包括本地作家和评论家、海内外知名作家和学者、读者、学生团体,以及其他观众等。

体育赛事,如北京马拉松,参与者主要包括参赛者和观众;而观众又可以分为马拉松爱好者、参赛者亲友团、媒体与记者、市民以及其他国内外游客。

美食节,如广州国际美食节,参与者主要包括食品供应商和普通观众。而观众又可以分为社区居民和外地游客。

音乐节,如西班牙科尔多瓦吉他艺术节,参与者主要包括表演艺术家/乐队/吉他手、古董摊主/食品摊主、节庆期间小型活动演职人员和普通观众。而观众又可以分为社区居民和国外游客。

此外,一些重大节事,持续时间长,期间内嵌诸多小型活动,节事参与者更加复杂多样。

不同类型的参与者,其节事出席动机、旅游偏好、旅游消费行为可能不同。旅游节事策划应以具体节事的细分市场为导向开展创意创新策划。

3.2 旅游体验共创原则

旅游体验共创是一个新的旅游价值和旅游体验创造理论,具体是指节事利益相关者和游客共同创造旅游价值和旅游体验。在旅游节事领域,旅游体验共创被认为是一种新的为游客创造独特体验的有效方式。

【案例一】

西双版纳泼水节,是旅游共创体验的典型案例。泼水节是傣族的传统节日,也是云南少数民族节日中影响最大、参与人数最多的节日。其中的泼水活动具有典型的体验共创特点,深受游客喜欢。当地传统——"一年一度泼水节,看得起谁就泼水",游客可以在泼水节期间参与泼水活动,既能感受送出祝福的快乐,又能感受泼水嬉闹的快乐,而泼水的对象、节奏、方式等,由游客自己把握,即游客自己参与旅行体验的创造,也就是共创体验。

【案例二】

丽江国际东巴文化艺术节,就是旅游共创体验的典型案例。"学东巴文造东巴纸"是当地独特的人文体验。节庆期间,游客可以听专家讲东巴文化,跟随专家学写东巴象形文字;游客还可以在当地导师的指导下参与东巴纸张的制作过程,感受"纸寿千年"的传统技艺魅力,并可以将亲手制作的东巴纸作为纪念品保留。与传统以看景和听导游讲解的体验不同,丽江居民、文化专家和外来游客共同参与了游客的体验创造,从而为游客提供了更深层次的旅游体验。

【案例三】

在葡萄牙阿马雷什举办的阿马雷什艺术相遇节(Encontrarte Amares)是一个以社区共创为核心的小型艺术节,通过艺术家与居民的互动合作创造独特的艺术体验。居民不仅为来访艺术家提供住宿,还直接参与创作过程,与艺术家协作完成艺术实践。一位艺术家策划了一部以自助餐厅女性工作人员为主角的芭蕾舞剧,邀请她们亲自参与表演。这种艺术共创不仅提升了工作人员的参与感,也为她们带来了更丰富的节日体验。在节日活动组织内部,社会联系通过参与者、组织者、艺术家和外国游客的共同努力而产生。项目经理说:"人们在那里,甚至没有意识到谁是组织者,谁是游客,谁是参与者。也就是说,每个人都做了所有事情并进行了协作。他们同时拥有参与和协作精神。"

3.3 全过程宣传原则

旅游节事活动是在特定日期里的旅游体验活动,对于节庆或事件的主办方、承办方和其他组织者来说,活动日期和活动内容经由他们审批或策划,自然知晓活动的具体日期。但对普通游客来说,他们往往都是经由大众媒体和一些定向传播渠道,才能够了解节庆或事件的日期和内容,再决定是否前往体验。节事宣传是节事组织的必要流程。为了吸引更多的游客参与,同时更好地扩大节事效益,旅游节事宣传应注意以下要点:

(1) 事前、事中、事后的全过程宣传。

旅游节事事前宣传主要为了吸引中间方及普通游客,让他们及时知晓、关注并选择是否参与活动;旅游节事事中和事后的持续宣传主要是为了使节事在媒体上引起聚焦,扩大节事的影响力。事前、事中、事后的全过程宣传是旅游节事举办的基本原则。

(2) 要善于挖掘新闻事件,甚至有意策划新闻。

为了提高旅游节事效益,在节事宣传中要善于挖掘新闻事件,甚至有意策划新闻,比如名人到访、活动之最、节事背后的趣事等,从而吸引大众关注,提高节事的聚焦度和影响力。

(3) 可以借助有奖征集、评选等方式与潜在旅游者互动,促进宣传。

在节事举办的事前、事中、事后,组织有奖征集或评选环节,通过口号征集、标识征集、志愿者申请、最佳活动照片评选等方式邀请大众参与到活动举办过程中来,从而增加节事与现实游客或潜在旅游者互动,提升节事效果。

3.4 大众广泛参与原则

大众的广泛参与是旅游节事举办是否成功的重要参考指标。具体来讲,大众的广泛参与具有以下几点重要意义:

(1) 大众广泛参与可以增强节事的氛围;
(2) 大众广泛参与可以带来更多的经济效益;
(3) 大众广泛参与可以吸引更多的赞助;
(4) 大众广泛参与有助于树立节事品牌。

大众的广泛参与依赖良好的旅游体验和事件的广泛宣传。

【课后调查与访谈】

就当地一项代表性旅游节事,访谈节事组织方和利益相关工作人员,了解其部门在节事中承担的职责。访谈可以参照以下提纲进行:

1. 您认为某节事的场地是由哪个部门提供的?
2. 您认为举办某节事的资金主要来源于哪?
3. 您认为某节事的志愿者的职责有哪些?
4. 您认为某节事的参与者分为哪几部分,各有什么特点?
5. 您认为某节事的旅游纪念品/旅游商品是否有创新设计?

组件三　旅游节事主题策划

一、旅游节事主题的内容

1.1　旅游节事主题的内涵

"主题"一词源于德国，是一个音乐术语，指乐曲中最具特征并处于优越地位的那一段旋律——主旋律，它表现了一个完整的音乐思想，是乐曲的核心。后来这个词逐渐被广泛应用于文学艺术创作等其他领域，类似中国本土语言中的"立意""主旨"。1933年，美国芝加哥世界博览会历史上首次确定主题：一个世纪的进步。

结合"主题"一词的出现和演变，本书认为旅游节事主题是具体节事的思想理念、活动内容、主要特色等主旨内容及其文字化表述。其文字化表述形式有两种：一是将节事主题以关键词的形式内嵌在活动名称中，如襄阳诸葛亮文化旅游节以"诸葛文化"为主题、福州海上丝绸之路国际旅游节以"海上丝绸之路"为主题；二是将节事主题以主题语的形式单独呈现，如2022年成都天府文化旅游节以"欢乐过春节·安心耍成都"为主题，2021年上海旅游节以"建筑可阅读，城市微旅行"为主题，这类主题语往往类似宣传口号或广告语，一般朗朗上口、言简意赅、便于理解、便于传播。

从国内外成功的旅游节事可以看出，成功的旅游节事都有一个鲜明的主题。

1.2　既有性主题和创新性主题

旅游节事的主题包括既有性主题和创新性主题。

1.2.1　既有性主题

既有性主题是指依托传统节日或者旅游场所已经存在的有一定影响力的节庆活动的主题，如中秋节作为一个传统节日，"欢度中秋"是一个既有性主题，有其既定的内容，即赏月、团圆、月饼等。再如，某地已连续举办十多届乡村音乐节，"乡村音乐"则是该地当下的既有性旅游活动主题。

1.2.2　创新性主题

创新性主题是指旅游场所或旅游企业依托自身的资源特点，结合旅游市场的需求，创新性地策划出的新的主题，这种主题往往为旅游场所特有，如哈尔滨冰雪旅游节、上海旅游节"建筑可阅读"主题节事等。

二、我国大型旅游节事主题

经过几十年的发展，我国形成了主题类型众多的旅游节事品牌。各类节事中，既有啤酒、冰雪、风筝、牡丹、菊花、灯会、孔子文化、美食、杂技、葡萄、樱花、徐霞客、梅花、杜鹃花、关公、李白诗歌、金柑、脐橙、荔枝等相对大众但具有地方特色的主题，也有开渔、六月六、洛河文化、会船、花炮等相对新颖且具有地方特色的主题。很多节事连续多届举办，每年有新意，从而积累节事的品牌效益。为了显示节事新意，很多大型节事都有其年度主题。

以下为我国一些大型旅游节事的年度主题。

- 2011 首个中国旅游日——读万卷书，行万里路
- 2023 中国旅游日——美好中国，幸福旅程
- 2023 潍坊国际风筝嘉年华——放飞梦想，更好潍坊
- 2024—2025 中国哈尔滨国际冰雪节——约会哈尔滨　冰雪暖世界
- 2023 中国洛阳牡丹文化节——花开洛阳·青春登场
- 2023 中国开封菊花文化节——宋韵开封·菊香中国
- 2023 中国·秦淮灯会——璀璨金陵夜　奋进新征程
- 2023 西双版纳泼水节
- 2023 那达慕草原节——相约草原·遇见那达慕
- 2024 中国（曲阜）国际孔子文化节——对话孔子　互鉴文明
- 2023 菏泽国际牡丹文化旅游节——走进牡丹之都　遇见花样菏泽
- 2023 广州国际美食节——四海风味　烟火羊城
- 2023 中国（象山）开渔节——千帆竞发向大海　万物开源创未来
- 2023 中国吴桥国际杂技艺术节——杂技艺术的盛会，人民大众的节日
- 2023 福州海上丝绸之路国际旅游节——相聚海丝门户，互鉴共赢未来
- 2023 成都国际美食节——美食之都　万千气象
- 2023 上海旅游节——焕新点亮世界会客厅

- 2023 江苏省乡村旅游节——水韵江苏·美好乡村
- 2023 象雄文化旅游节——俊品象雄古韵·绝美天上阿里
- 2023 宁夏国际葡萄酒文化旅游节——创新融合·聚能发展
- 2023 大蜀道国际文化旅游节——行走大蜀道　康养曾家山
- 2024 大泽山葡萄节——山水大泽　葡写振兴
- 2023 阿尔山杜鹃文化旅游节——岭上杜鹃开　春约阿尔山
- 2024 张家界"六月六"民俗文化旅游节——五行龙舞六月六,狂欢祈福张家界
- 2021 洛阳河洛文化旅游节——行走洛阳　读懂历史
- 2023 马鞍山李白诗歌节——诗润生态福地,相约智造名城
- 2023 运城关公文化旅游节——传承关公文化,共创现代文明
- 2023 梅州脐橙文化旅游节——庆丰收,促和美
- 2023 中国泰州姜堰溱潼会船节——天下会船数溱潼
- 2024 中国(宁海)徐霞客开游节——畅游中国、诗画浙江、幸福生活
- 2023 中国(浏阳)国际花炮文化节——满城烟花等你来
- 2024 中国南京国际梅花节——龙腾中国"梅"好南京

三、节事主题策划的基本原则

3.1　大型节事主题与旅游场所形象定位保持一致

提升旅游场所知名度和塑造旅游场所品牌是举办大型节事的重要目的。大型节事往往需要当地政府或旅游企业的长期培育,承载着传播旅游场所或旅游企业品牌形象的重要使命。该类节事主题往往需要与旅游场所形象定位保持一致,其节事主题策划应以旅游场所资源为基础,彰显地域特色,如被誉为"风筝之都"的潍坊的风筝节、"中国烟花之乡"的浏阳的花炮节、冰城哈尔滨的冰雪旅游节等。

3.2　节事主题和节事内容应当彼此契合

节事主题和节事内容是节事的一体两面,两者应当彼此契合。以下是我国一些著名旅游节事的主题和主要活动内容:

3.2.1　潍坊风筝国际嘉年华

风筝元素贯穿 2023 潍坊风筝国际嘉年华整个过程,包括万人

风筝放飞表演、主题风筝放飞表演（鲤跃龙门风筝、软体钟馗风筝、15米高的老寿星风筝、40米长的喜鹊登梅风筝）等。

3.2.2 哈尔滨国际冰雪节

2023哈尔滨国际冰雪节期间，当地开展了包括冰雪大世界摩天轮、亚布力高山滑雪、松花江冰雪嘉年华100余场冰雪主题相关的活动。

3.2.3 中国吴桥国际杂技艺术节

2023中国吴桥国际杂技艺术节开幕，整台演出以杂技艺术为核心，组织编排了中外精品杂技节目，《倒立秋千》《双人皮条》《三人行》《"鲁本"——大跳板》等众多节目让观众充分感受杂技的魅力，整场演出精彩纷呈。

3.2.4 广州国际美食节

2023广州国际美食节以"四海风味　烟火羊城"为主题，分为国际美食区、中华美食区、潮创美食专区、广州味道区、非遗文创手信区等六大专区，100个美食展位。

3.2.5 浏阳国际花炮文化节

2023中国（浏阳）国际花炮文化节开幕式暨烟花艺术汇演，以"满城烟花等你来"为主题，打造了一个全新概念的"烟花星球"。本次开幕式在城区设立了50个城市烟花燃放点和浏阳河水面浮台燃放点。花炮节开幕式打破了常规屏幕局限，对舞台视觉进行了全面升级，设置了4 800平方米的LED网屏幕，充分整合剧院、浏阳河和金滩燃放点，将舞台延伸至"天、地、山、水"，呈现出屏幕图画与现场燃放融为一体的唯美浪漫场景。

节事主题策划时，一方面切忌"文不对题"，例如某地宣传的"说走就走趣露营"旅游活动，游客前往体验的时候发现只有帐篷设施设备展览，没有帐篷露营体验，游客也因此大为不满；另一方面，切忌"帽大头小"，例如某地组织"最美花间"徒步活动，整个徒步路线中只有一些寻常花草景观，没有活动主题所反映的"最美"花卉景观，活动就很容易引发游客失望的情绪。

3.3 节事主题形式宜新颖

旅游节事活动的目标市场是旅游者。独一无二的新颖主题，更能唤起旅游者的关注。相对于中秋、端午这些传统节庆主题，"阅读可建筑""书香茶会""碧水绕苏，亲水徒步"等主题更加新颖，也更加能够吸引游客参与。同理，相对于"植树"这一传统主题表达，某院校的"植此青绿,浇个朋友"这一主题表达形式则更具吸引力,内涵也更丰富,从而更能吸引游客的参与。

安徽省安庆市,是著名的黄梅戏艺术之乡。在安庆市,黄梅戏不仅是一种艺术形式,更是一种文化现象。安庆人民热爱黄梅戏,无论是大人还是孩子,都能哼唱几句黄梅曲调,使得黄梅戏在当下依然有着广泛的传承和发展。2024年9月—10月,安庆市举办了第十届中国(安庆)黄梅戏艺术节,相关报道中提到的"安庆有戏"这一主题,给读者留下了深刻印象。该主题形式新颖,以"戏"为主题的城市品牌节庆活动非常少见。同时该主题易于理解、方便记忆,且一语双关、寓意良好。

3.4 节事主题表述应立意明确

策划节事主题时,主题的文字表述应立意明确,即让游客一眼看到主题就能对活动的特色或内容有初步了解。例如美国芝加哥世博会的主题"一个世纪的进步",游客一眼便能理解其主要立意:这个展会展示了人类过去一个世纪的进步历程,展示了人类进步的最新成果。再如,因青浦是上海各区中最具江南地域特色的区域,游客来此可以欣赏江南水乡风光、体验江南传统习俗,所以2023上海青浦文化旅游节的主题"上青浦·品江南"便很好地表现了地方主题特色。

反观,如浪漫某山、某湖风情旅游节、某地银杏文化旅游节等主题表达,其中浪漫、风情、文化等词对于游客来说缺乏直接意义以及明确的指向性。

四、旅游节事主题策划的技巧

旅游节事主题策划具有谋略性和创造性的特点,同时也具有一定的技巧性。具体来讲,就是旅游节事主题策划一定要把握"势""时""术"等三个要素。

4.1 时

时,就是时间、时机和机会。因时制宜就是指对时机的把握。一方面,旅游节事时机具有随季节、时间变化的规律性特点;另一方面,旅游活动时机具有时机的偶然性特点。

四季轮转和社会节假日是旅游节事策划中的重要时机。目前,很多旅游场所都非常重视借助春、夏、秋、冬和社会节假日来开展季节性旅游节事活动和节假日旅游节事活动,如全国各地举办的樱花节、桃花节、葡萄节、枫叶节、菊花节、冰雪节等。

旅游节事主题策划,一方面要重视显性的一年四季、各种节假日、周年庆典日等,因时制宜,进行有针对性的策划;另一方面,还要细心观察,积极探求,捕捉隐藏的时机。

2024年10月10日晚至11日凌晨,全球高纬度地区发生大范围、高强度极光现象。我国黑龙江、吉林、内蒙古、新疆、甘肃、青海等地均出现了较为明显的极光。极光是一种自然地理现象,极光出现时,夜色中的星空色彩绚烂,因此,极光也被人形容为"女神的裙摆"。因此,一些企业或团体因时制宜,策划并组织了各种形式的"追光"主题活动。

4.2 势

势,指策划所处环境、时局、格局等客观情况,也就是通常所说的氛围、大环境、趋势、潮流等。旅游节事主题策划应合理把握潮流、趋势,借势或顺势而为。

党的二十大报告提出的全面推进乡村振兴、推动绿色发展、建设美丽中国、繁荣发展文化事业和文化产业、深入开展健康中国行动等重要精神,是旅游业发展最值得依仗的"大势"。

近些年来年轻群体中兴起的汉服文化热就是一种推进文化自强自信的良好实践。汉服文化是年轻人感受传统文化之美、理解传统文化的重要窗口,已经成为一些年轻人自我表达、创造生活仪式感的重要方式,受到很多年轻人的喜爱。河南洛阳通过开展旅游节庆活动,推进"旅游+汉服"的融合发展。2023洛阳河洛文化旅游节开幕式采用全息技术,打造虚拟古风人物"洛姬",并以洛姬全息汉服秀开场,古画复原实景演绎《古代制衣——捣练图》等,在洛阳掀起一股汉服热潮。

江苏省苏州西山岛、宜兴南部山区、南京江心洲等众多乡村地区积极实践"绿水青山就是金山银山"理念,将生态保护和旅游发展相结合,以旅致富,走出了一条成功的乡村振兴之路,大大提升了当地人们的生活环境和生活质量。

近些年来,网络直播进入高速发展阶段,上海市在此背景下于2021年举办了上海"云上"旅游节主题活动,是对互联网直播趋势的顺势而为。

4.3 术

"术"是指旅游节事策划过程中所采用的方法、招数或套路。旅游节事策划团队根据不同的形式与时机,采用不同的方法、招数和手段,使节事的主题更加吸引人,更加符合活动的背景和目的。旅游节事策划中对"术"的运用可谓是五花八门,比较常见的"术"包括以立足资源、面向市场、文化为魂等。

4.3.1 立足资源

立足本地特色资源举办旅游活动,既降低了成本,又塑造了地区旅游形象,有助于提升旅游节事活动的持续性。立足本地资源,一方面要注重本地有竞争力的显性旅游资源,如潍坊风筝节、哈尔滨冰雪旅游节,是依托本地特色资源成功举办的旅游节事活动;另一方面要挖掘隐性旅游资源和新型旅游资源,例如在城市微旅行背景下,依托城市老胡同、城市新街区、城市新湿地、近现代都市建筑等资源策划组织城市微旅行节庆活动。

4.3.2 面向市场

当前旅游发展已全面进入细分市场阶段,出现了多种多样的针对细分市场的旅游活动,如面向体育休闲爱好者的城市马拉松活动,面向儿童旅游市场的小主人生日游活动,面向老年旅游市场的老爸老妈游台湾活动等。基于目标市场的旅游节事策划有利于旅游场所或旅游企业集中优势资源吸引核心市场,形成品牌和竞争力。目标市场定位方式多种多样,如地理区域定位、年龄定位、性别定位、职业定位、旅游动机定位等。

随着我国旅游业的持续深入发展,休闲旅游市场需求越来越旺盛,帐篷露营成为旅游休闲市场的潮流体验形式,各地基于这一市场推出了山顶露营啤酒节、星光露营节、嗨浪露营节、帐篷露营节、徒步露营节等多种露营主题的体验活动。旅游节期间举办的插花、品茶、读书、汉服、手作、瑜伽等个性化旅游体验活动也越来越流行。未来我国休闲市场将进一步向个性化体验和深度体验的方向发展,面向深度体验休闲市场开展旅游产品策划和旅游活动策划是重要方向。

4.3.3 文化为魂

实践证明,没有文化底蕴和文化内涵的旅游,是缺乏可持续性的,也是没有生命力的旅游。旅游的文化特性蕴含在旅游资源中,在旅游活动策划时,应从旅游资源角度出发,多角度去挖掘地方文化内涵。文化挖掘包括文化线索的搜寻、文化的整理、文化的宣传等方面。中国地大物博，历史悠久，文化昌盛，文化要素非常丰富，如大的方面有传统民俗文化、历史文化、民族文化、戏曲文化、名人文化等，小的角度有茶文化、书法文化、基于某一地方资源的文化等。只要认真挖掘，文化的内涵即可彰显。

【课后创新设计与课堂交流】

结合当地旅游资源，设计一个创新性旅游节事主题；或结合当地某项旅游节事，设计一个创新性年度主题。

创意设计提示：以资源为基础；以市场为导向；结合时势；广泛学习与借鉴。

组件四　旅游节事组织流程策划

一、旅游节事的组织机构

旅游节事规模大小不一，大型旅游节事的组织机构一般为政府机构或品牌旅游企业，小型旅游节事的组织机构一般为旅游企业。组织机构一般分为主办单位和承办单位，主办单位一般是指旅游节事的发起单位，承办单位一般是指旅游节事的具体实施单位，一项旅游节事可以由多部门、多单位联合举办和承办。如2023年开封菊花文化节由住房和城乡建设部、河南省人民政府共同举办，河南省住房和城乡建设厅、中国风景园林学会、开封市人民政府共同承办。

二、旅游节事组织的全流程

2.1　节事筹备阶段

旅游节事筹备阶段主要包括节事策划、确定节事时间和地点、活动宣传、报名组织、志愿者招募培训、奖章设计与制作等若干工作环节。节事筹备期时长因节事规模而异，具有世界影响力以及涉及综合场地建设的一些大型节事活动的筹备期常常以年计。

2.2 节事推进阶段

旅游节事活动的推进阶段涵盖以下工作环节：场地设施准备、嘉宾邀约与接待、参会者注册签到、住宿餐饮保障、志愿服务调配、交通导览规划，以及子活动执行细节的落实等。旅游节事推进阶段一般在节事开幕的前几天，该阶段的组织工作时间相对短但工作内容密集，该阶段的组织工作为后续的节事现场的有序组织提供了重要保障。

2.3 节事现场阶段

旅游节事现场阶段主要包括开幕式的现场阶段和各项子活动的现场阶段，涉及嘉宾讲话、现场演出、游客组织、现场直播等若干工作环节。现场阶段从开幕式到各项子活动，在时间上既可以有连续性，也可以是非连续的；在空间上既可以有固定场地，也可以是移动场地。

三、旅游节事的流程策划

3.1 全流程策划

旅游节事活动全流程策划，主要包括节事前期工作的策划和节事现场主要流程的策划。节事前期的组织工作涵盖宣传、报名、志愿者培训、场地准备、嘉宾邀约、食宿安排及交通规划等环节。节事现场组织工作主要包括：开幕典礼、参观、游览、旅游体验活动、主题会议等相关子活动环节。旅游节事全流程策划，就是对以上组织环节的时序安排和整体设计，从而保障活动的有序开展。

时间安排是全流程策划中的重要内容。活动时间安排，应为活动推广、志愿者培训等留出充足的时间；相关子活动的时间安排不应该彼此冲突。

> 📖 **材料阅读 2-2**

2023 常州文化旅游节活动方案（节选）

为贯彻落实全市文商旅融合发展大会精神，推动新能源、新文旅、新消费元素有机融合，打造更多文商旅精品，促进文商旅消费升级,扩大常州文化旅游的知名度和影响力,助力常州"532"发展战略和经济社会高质量发展,决定举办2023常州文化旅游节,具体方案如下:

一、活动时间

2023年8月—10月

二、组织单位

主办单位:江苏省文化和旅游厅、常州市人民政府

承办单位:常州市文化广电和旅游局,各辖市、区人民政府,常州经开区管委会

三、活动内容

(一)2023常州文化旅游节开幕式

活动时间:2023年8月22日

活动地点:武进区揽月湾广场

主要内容:

1. 活动主题宣传片播放
2. 发布常州"理想之旅"文旅产品榜单
3. 发布"常州乐活街区线上主题馆"
4. 发布"常州City Drive计划"
5. 2023常州文化旅游节启动仪式
6. "璀璨常州·点亮中国"青果巷夜游活动

(二)"新能源·新城市·新生活"系列活动(略)

(三)2023文化和旅游夜间经济创新发展大会(略)

(四)"常享游"平台"乐享常州"系列活动(略)

(五)"荟文化·悦生活"系列活动(略)

(六)常州首届青年潮流文化艺术周(略)

(七)溧阳市"烟火溧阳·精彩一夏"分会场活动(略)

(八)金坛区"森夏金坛·夜遇逍遥"分会场活动(略)

(九)武进区"花都水城·浪漫武进"分会场活动(略)

(十)新北区"新动向北·新生活计划"分会场活动(略)

(十一)天宁区"从新出发·相约天宁"分会场活动(略)

(十二)钟楼区"'钟'夏季忆·乐享生活"分会场活动(略)

(十三)常州经开区"古运新生·活力经开"分会场活动(略)

四、工作分工

市文广旅局负责文化旅游节活动的总体策划,做好文化旅游各项活动的组织协调和文化旅游市场监管等工作。

市委宣传部负责制定、实施文化旅游节宣传报道方案;常州日

报社、常州广播电视台做好文化旅游节各项活动的宣传报道。

市公安局负责制定、实施文化旅游节期间交通整治、秩序保障及活动安保工作方案。

市市场监管局负责做好餐饮服务场所食品安全监管工作。

市城管局负责制定、实施文化旅游节期间环境整治方案,配合做好文化旅游节户外宣传氛围营造工作。

各辖市、区政府及常州经开区管委会负责本辖区内文化旅游节庆活动的组织协调、安全保障工作。

市相关部门依据各自职能做好有关工作。

五、工作要求

1. 市各有关部门要从努力营造全社会关心常州文化旅游业发展、推动我市经济转型升级、促进经济社会全面发展的高度出发,切实加强文化旅游节活动的领导,认真组织好每项活动。

2. 各项活动的承办单位必须强化安全意识,精心制定预案,认真抓好各项管理制度和措施的落实,确保文化旅游节活动安全有序。

3. 文化旅游节期间,各旅游景区要认真做好环境氛围营造,丰富活动内容;各旅行社要大力做好游客接待和组团工作,并加强对导游人员的培训和管理;各宾馆、饭店、公交、出租车等服务行业要提供优质服务,共同为游客营造良好的旅游环境,推动常州旅游业高质量发展。

3.2 节事现场流程策划

一方面,节事现场流程策划要对主要子活动做时序安排。时间安排同样是现场流程策划中的重要部分,因为时间安排是否合理直接关系到游客的现场体验。重点考虑时段的合理性和时间上的衔接性、均衡性,如按照"扣人心弦的开幕——保持气氛——再起高潮——平缓进行——余味尚存的收尾"的气势起伏来安排开幕式和相关子活动,各项子活动之间宜留有充足的空余时间,用于活动推进和落实相关准备工作。

另一方面,节事现场流程策划要对例如烟花汇演、互动游戏等系列子活动的时间、地点、内容做总体设计。由于旅游子活动类型各式各样,其活动流程策划则需具体分析。一般来讲节事现场流程策划需要注意:一是开幕、结束等活动开始的节点时间,需对外统一公布,便于游客提前安排自己的旅行;二是游客现场参与的活动相关环节时间安排上应预留一定的空余时间。

📖 材料阅读2-3

2023西双版纳景洪市泼水节庆祝活动日程安排

1. 庆祝大会
活动时间:4月13日 13:00—16:30
活动地点:景洪市江边观礼台

2. 传统龙舟赛
活动时间:4月13日 13:10—16:30
活动地点:景洪市江边观礼台前澜沧江水域

3. 民族特色堆沙、斗鸡表演
活动时间:4月13日 18:00—22:00
活动地点:景洪市告庄西双景滨江大道罗摩岛入口、曼贺南

4. 万人齐放孔明灯
活动时间:4月13日 20:00—22:00
主会场:景洪市江边观礼台
分会场:景洪市龙舟广场、告庄西双景滨江大道

5. 赶摆活动
活动时间:4月13日(全天)
活动地点:景洪市澜沧江边南岸步行道(老大桥至龙舟广场之间)
活动时间:4月14日 11:00—18:00
活动地点:景洪市龙舟广场观礼台前

6. "迎圣水·送吉祥"泼水节取水仪式
活动时间:4月15日 09:00—10:00
活动地点:景洪市江边取水台

7. "东方狂欢节"泼水狂欢活动
活动时间:4月15日 11:00—16:00
泼水主场地:景洪市泼水广场
泼水点:景洪市城区主要街道

8. 电音泼水狂欢
活动时间:4月15日 09:00—16:00
活动地点:景洪市告庄西双景主干道、罗摩岛广场
活动时间:4月15日 17:30—23:00
活动地点:景洪市告庄西双景湄公河·六国水上市场

技能二 旅游节事策划 49

3.3 节事亮点子活动的创新策划

旅游节庆活动的组织,既包括既有的、继承往年的、相对常规的传统子活动,也包括新策划的、创新的、具有亮点和特色的新的子活动。对创新子活动的内容和流程的专门策划,也是旅游节事策划的重点。

2004年湖南旅游节开幕式在浏阳河畔举行,开幕式现场直播,其中的大型活动"十万人同唱浏阳河"成为亮点。活动举行时,整个浏阳河两岸人山人海,豪迈的歌声响彻四方,参演人员突破3万,旁观同唱的群众在10万以上,收看电视的观众近千万。活动结束后,好评如潮。

2023年青岛国际啤酒节开幕式上的"开启第一桶酒"成为开幕式的一大看点。啤酒桶从观众席上方缓缓飞向舞台中央,啤酒的桶身是专门定做的LED屏,绚烂的灯光和图案印在啤酒桶周围,浪漫氛围拉满。桶身显示的《将进酒》的词,充满科技感。啤酒桶旋转降落后,市长用金锤敲开酒塞,金黄的啤酒一泻而下,赢得观众阵阵喝彩。观众评价第一桶啤酒非常漂亮,外观是LED屏幕,非常有创意。

【课后调查与访谈】

就当地一项代表性旅游节事,访谈节事利益相关方和游客,了解节事的特色和亮点。访谈可以参照以下提纲进行:

1. 您认为节事今年的最大亮点是什么?
2. 您认为节事往届的特色活动有哪些?
3. 您认为节事最吸引游客的环节可能是什么?
4. 您认为节事的最大创新是什么?
5. 您认为节事活动中游客满意度最高的方面是哪些?

组件五　旅游节事策划文案编制

一、旅游节事策划文案的结构

节事策划书的结构,大致包括下列3项。

1.1　封面

封面,是委托方或者其他读者审视策划文本的"第一印象"。封面内容一般包括:题目,题目必须具体而清楚,让人一目了然,如××旅游节庆活动策划案;策划者单位或团队名称;策划书完成日期。

1.2　目录

目录的制作和呈现,是为了便于委托方或其他读者翻阅文本时可以对策划书的思路、框架、重点内容一目了然。一般策划文本体量小,例如内容在6页以下,可以不添加目录;策划文本体量大,则应该添加目录。

图 2-2　旅游节事策划方案封面与目录参考

1.3　正文

策划书的正文即对活动背景和策划主要内容的叙述。

二、旅游节事策划文案的内容

策划书的内容主要体现在策划书的正文部分,其主要内容一般包括:

(1) 活动背景
(2) 活动目的与意义
(3) 活动主题、时间、地点
(4) 活动内容和流程策划
(5) 活动宣传策划
(6) 资金预算等

具体到不同类型的节事或不同规模的节事策划书,其策划书的重点内容会有所差异。总体来讲,策划文本内容应逻辑通顺,重点明确。

【技能迁移】

大学生旅游节活动内容和流程比较简单,其目标市场为大学生,市场特征易于识别、把握。而旅游这一主题,对旅游专业学生来说,也是相对易于理解的主题。因此,大学生旅游节项目策划适合作为旅游活动策划的入门训练项目。

不同类型旅游活动策划的流程、原则、文本结构是基本相似的,但由于不同活动的主题和不同目标市场特征是千差万别的,因此,策划的具体内容完全不同。尤其是大型旅游活动策划,涉及复杂的利益相关者,策划过程中需要开展极其复杂的沟通工作,因此很多技能精通策划者都是连续多年持续跟进一个或若干个大型活动,从而在长期实践中提升自身的策划技能和创新思维。

课后练习

一、判断

1. 大型旅游节事一般关联活动的影响力和参与人数,如世博会、奥运会等。（   ）

2. 旅游节事能够给旅游目的地带来诸多积极影响。（   ）

3. 旅游策划是旅游节事策划的细分类型。（   ）

4. 旅游节事主题和节事内容是节事的一体两面,两者应当彼此契合。节事主题策划时,切忌"文不对题"或"帽大头小"。（   ）

5. 一般一项旅游节事有一个主办单位和一个承办单位。（   ）

6. 时间安排是全流程策划中的重要部分。活动时间安排,应为活动推广、志愿者培训等留出充足的时间。（   ）

7. 旅游节庆活动中新策划的、创新的、具有亮点和特色的子活动,又被称为亮点子活动。（   ）

二、填空

1. ＿＿＿＿＿＿一般关联旅游目的地的知名度、吸引力和品牌效益,如卢卡漫画游戏展、西双版纳泼水节等。

2. ＿＿＿＿＿＿是指以地方政府为主要主办单位和承办单位,以传播城市特色旅游品牌形象、提升旅游城市的知名度和美誉度为主要目的的旅游节事。

3. ＿＿＿＿＿＿一般是指将具有特色的民俗传统节日,从旅游产业的角度予以开发、策划和组织,吸引游客前往体验的节庆活动。

4. 历史名人常常成为其出生地或者其主要生活地的地方特色文化符号。这些旅游场所据此策划、举办旅游节事成为常见现象,这类节庆活动一般称为＿＿＿＿＿＿,如曲阜孔子文化节、江阴徐霞客旅游节等。

5. ＿＿＿＿＿＿一般是指将季节性的植被景观如花卉景观、树木景观等,及季节性水果如葡萄、荔枝、水蜜桃等,在其景观最佳观赏期或采摘期,从旅游开发的角度予以宣传、策划和组织,吸引游客前往体验的节庆活动。

6. 旅游节事的＿＿＿＿＿＿是具体节事的思想理念、活动内容、主要特色等的主旨内容及其文字化表述。

7. ＿＿＿＿＿＿阶段主要包括节事策划、确定节事时间和地点、活动宣传、报名组织、志愿者招募培训、奖章设计与制作等若干工作环节。

8.　　　　　阶段主要包括场地设施准备、嘉宾邀约与接待、参会者注册签到、住宿餐饮保障、志愿服务调配、交通导览规划,以及子活动承办细节的落实等。

9.　　　　　阶段主要包括开幕式的现场阶段和各项子活动的现场阶段,涉及嘉宾讲话、现场演出、游客组织、现场直播等若干工作环节。

三、单选

1. 一般大型节事和中等规模节事都包含若干个(　　)环节,这些(　　)可能对应不同的场地或不同的日期。

　　A. 筹备　　　　B. 推进　　　　C. 现场　　　　D. 子活动

2. (　　)是指依托传统节日或者旅游场所已经存在的、有一定影响力的节庆活动的主题,如中秋节作为一个传统节日,"欢度中秋"是一个已经存在很多年的主题。

　　A. 花卉主题　　B. 名人主题　　C. 传统主题　　D. 既有性主题

3. (　　)是指旅游场所或旅游企业依托自身的资源特点,结合旅游市场的心理特点,创新性地策划出的新的主题,如上海旅游节"建筑可阅读"主题的首次提出等。

　　A. 花卉主题　　B. 名人主题　　C. 创新性主题　　D. 传统主题

4. (　　),指策划所处环境、时局、格局等客观情况,也就是通常所说的氛围、大环境、趋势、潮流等。旅游节事主题策划应合理把握潮流、趋势,借势或顺势而为。

　　A. 时　　　　B. 势　　　　C. 人　　　　D. 术

5. (　　),指时间、时机和机会。旅游节事主题策划,一方面要重视显性的一年四季、各种节假日、周年庆典等,因时制宜,进行有针对性的策划;另一方面,还要细心观察,积极探求,捕捉隐藏的时机。

　　A. 时　　　　B. 势　　　　C. 人　　　　D. 术

6. (　　),是指旅游节事策划过程中所采用的方法、招数或套路,比较常见的(　　)包括以立足资源、面向市场、文化为魂等。

　　A. 时　　　　B. 势　　　　C. 人　　　　D. 术

四、多选

1. 旅游节事的本质属性包括(　　)。

　　A. 有特定主题

　　B. 一般在特定地区或由特定单位连续举办

　　C. 周期性举办

　　D. 体验内容相异于非节事期间的常规旅游产品

2. (　　)日期、地点和主题勾勒了具体某项旅游节事的基本框架和基本方向。
   A. 日期　　　　B. 地点　　　　C. 主题　　　　D. 宣传

3. 一般来讲,旅游节事涉及的利益相关者主要包括(　　)等。
   A. 主办方　　　B. 承办方　　　C. 参与者　　　D. 赞助方

4. 旅游节事策划的原则主要包括(　　)。
   A. 细分市场导向原则　　　　　B. 旅游体验共创原则
   C. 全过程宣传原则　　　　　　D. 大众广泛参与原则

5. 旅游节事组织机构一般分为(　　)和(　　)。
   A. 场地租赁单位　B. 酒店租赁单位　C. 主办单位　　D. 承办单位

五、案例分析
扫描二维码,指出以下旅游活动策划方案的亮点与不足(至少各1处)。

技能三　旅游体验项目策划

学习目标

1. 能够理解旅游体验项目的概念
2. 能够运用旅游体验项目策划的总体原则
3. 能够复述旅游体验项目策划的流程
4. 能够运用旅游地调查的方法
5. 能够运用旅游体验项目策划的方法
6. 能够设计休闲农庄体验项目策划方案

本章资源

学习内容思维导图

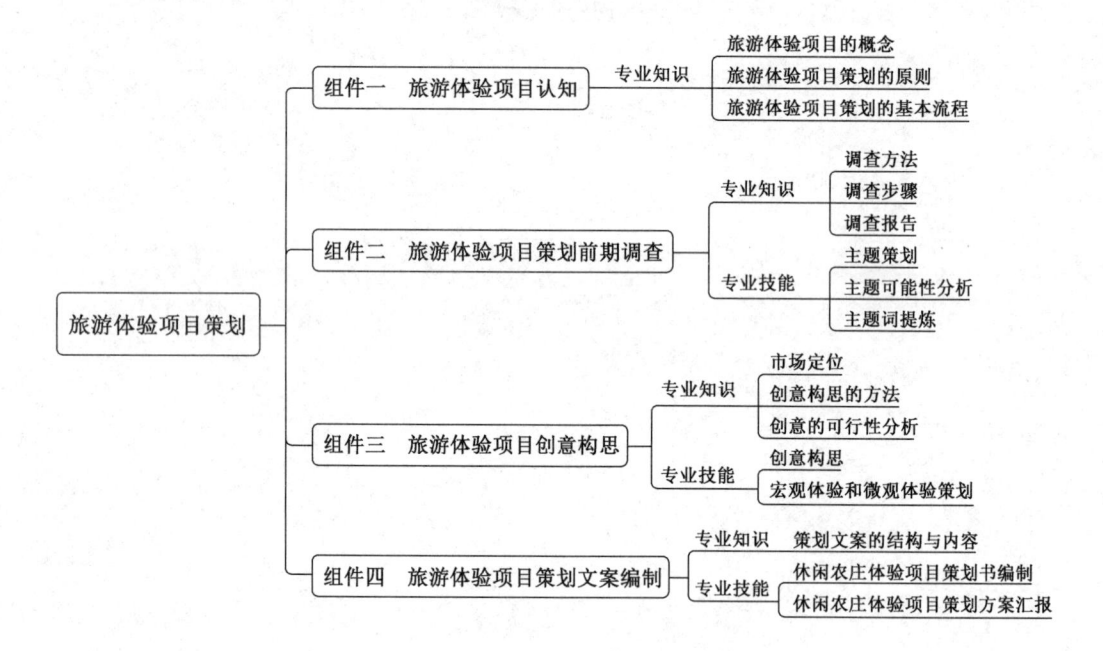

```
                            ┌─ 专业知识 ─┬─ 旅游体验项目的概念
            ┌─ 组件一 旅游体验项目认知 ─┤          ├─ 旅游体验项目策划的原则
            │                          └──────────┴─ 旅游体验项目策划的基本流程
            │
            │                                    ┌─ 调查方法
            │                          ┌─ 专业知识 ─┼─ 调查步骤
            │                          │          └─ 调查报告
            ├─ 组件二 旅游体验项目策划前期调查 ─┤
            │                          │          ┌─ 主题策划
旅游体验项目策划 ┤                       └─ 专业技能 ─┼─ 主题可能性分析
            │                                    └─ 主题词提炼
            │
            │                                    ┌─ 市场定位
            │                          ┌─ 专业知识 ─┼─ 创意构思的方法
            ├─ 组件三 旅游体验项目创意构思 ─┤          └─ 创意的可行性分析
            │                          │          ┌─ 创意构思
            │                          └─ 专业技能 ─┴─ 宏观体验和微观体验策划
            │
            │                          ┌─ 专业知识 ─── 策划文案的结构与内容
            └─ 组件四 旅游体验项目策划文案编制 ─┤       ┌─ 休闲农庄体验项目策划书编制
                                       └─ 专业技能 ─┴─ 休闲农庄体验项目策划方案汇报
```

关键概念

1. 旅游体验项目
2. 旅游体验项目策划
3. 头脑风暴
4. 移植策划

组件一　旅游体验项目认知

一、旅游体验项目的概念

材料阅读 3-1

三国城景区系列旅游体验项目开发

以戏带建，创中国旅游景区开发新模式

无锡影视基地是中视传媒股份有限公司的直属分公司，成立于1987年。二十世纪八十年代末，为了收集整理电视连续剧《西游记》拍摄遗留的布景道具，基地投资40万元，建造了中国第一个人造景观——西游记艺术宫。限于当时的条件，该艺术宫十分简陋。但是，以低廉门票对外开放后，居然游客爆棚。由此偶然发现，"影视旅游"这一影视副产品市场巨大，效益惊人。此后，中央电视台高层因势利导，"以戏带建、滚动发展"，相继成功开发唐城、三国城、水浒城。并动用央视资源，在基地拍摄了上百部影视剧和各种影视节目，迅速将无锡影视基地发展为中国规模最大、游客最多、效益最好的影视拍摄基地和旅游景点。

无锡影视基地长期以来依托以剧带建、以建兴旅的方式，在20世纪90年代中期，曾创下年旅游收入超亿元的成绩。影视基地基于游客对娱乐、实现梦想和参与影视创作的需求，精准设计了旅游体验项目，从而吸引了大量游客。影视拍摄活动能让游客通过亲眼看见、亲身体验，从而最大程度地满足他们与影视作品所描绘情境相融合的心理诉求，很好地回应了游客的期待。基地除对影视拍摄情景再现外，还充分利用影视的若干演出优势，再现历史上大型活动、大规模军事战争场景。如三英战吕布、智取高唐州等，各种表演使景区游览高潮迭起，游客除观看表演外，还可以欣赏影视特技表演，邀明星合影，请明星签名等，实现了游客对影视的印证和寻梦。

产品老化，景区业绩开始下滑

无锡影视基地的成功崛起，在国内旅游市场掀起巨大波澜。

技能三　旅游体验项目策划　57

"羊群效应"随之出现。到了1997年初,大大小小的影视基地,形形色色的人造景观,在华东,在全国,已是遍地开花。仅西游记艺术宫,全国就达460个之多。人造景观的不良资产高达1000多个亿。人造景观热于是受到全国媒体的围剿。在这种大环境下,央视无锡影视基地的旅游业务,开始出现下滑。

到了2000年,形势变得严峻起来。全国众多的人造景观,包括跟唐城一桥之隔、曾经极尽辉煌的欧洲城,先后破产倒闭。长期以来,央视无锡影视基地的散客主要来自江浙沪。鼎盛时期,景区内沪上客十有其八,一片吴侬软语。而经过十年的长足发展,这一传统市场已经被充分开发,接近饱和。用句俗话讲,该来的都来过了,没来的暂时也不想来。另外,中国人造景观的主要特点就是观光旅游占据绝对主流,而且这一趋势短期内难以改变。

一条古战船载动39万游客

无锡影视基地占据了原生态环境保存完好的1800亩太湖水面,这是一笔天然的资源。此前,因为基地旅游一直异常火爆,这一天然资源长期没有得到应有的重视。此时开发,正当其时。

2001年,央视无锡影视基地市场营销部,向所有签约经销商发了一份传真协议,题为"关于'古战船太湖黄金游'的团队合作协议"。当年年底的销售业绩显示,用于运送游客游览太湖的唯一一条古战船,在八个月时间里,载客量高达39万人。次年,另外三条古战船投入运营。当年底,水上游客总数突破60万人。如今,"古战船太湖黄金游"已经成为华东线上多数旅游团队的必走线路。

"古战船太湖黄金游"水上游项目的开发,初步化解了三国城景区产品老化的"心结"。国内水上游览项目众多,但是,用拍摄大型电视连续剧《三国演义》《水浒传》保存下来的古代战船运载游客,却是独此一家,别无分店。况且,游客在古琴悠悠、古炮隆隆之间畅游太湖,在领略到太湖烟波浩渺、蒹葭苍苍的无限美景之余,还可以从水上远眺三国城的巍峨、水浒城的雄浑。换一个角度欣赏同一个事物,往往别开生面,富有新意。

"孙权号""诸葛亮号"古战船扬帆起航

2006年,无锡影视基地三国城两艘新战船"孙权号"和"诸葛亮号"正式扬帆起航,多家媒体以及来自全国各地的游客共同见证了古战船首航的时刻。

"孙权号"和"诸葛亮号"是2006年三国城耗巨资打造的两艘大型古战船。"孙权号"是一艘三层的大型战船,"诸葛亮号"是一艘两层的官船。新战船的设施十分齐备,配有高档的舒适座椅、空调、卫生间等。更为独特的是,战船上还有现场表演,首航当天,身着古代服饰的美女在古船上弹奏《春江花月夜》《梁祝》《太湖美》等名曲,让游客在饱览太湖美景的同时还能欣赏到精彩的表演。

据了解,无锡影视基地为了丰富景区的游览内容,向游客提供高品质服务,在新船起航之后,影视基地的七艘古战船将开展"乘船游太湖"旅游项目,一次性载客量达到1 500人,这将成为太湖流域最大的古战船船队。为了让游客更好地与太湖亲密接触,无锡影视基地在太湖边修建了一条沿太湖观光带。

三国城在以上大型旅游项目的基础上,还精心策划了三英战吕布实景演出、骑战马、拍古装照、题诗、作画等中小型娱乐参与性旅游项目。其水军训练营的相关设施既切合三国城吴营主题,又具有娱乐功能,吸引了众多青少年游客在此流连忘返。

三国城旅游项目不断推陈出新,项目内容不断升级,项目种类不断丰富,更好地迎合了主流游客群体的旅游需求。项目创新是三国城景区旅游发展的持续动力。现代旅游的发展,市场需求多种多样,游客品位不断提高。参与性项目成为旅游项目开发的新原则、新技巧。同时,三国城景区旅游项目多种多样,更好地满足了不同细分市场的游客需求。

1.1 旅游体验项目的概念

旅游体验项目是由各种现实和潜在的旅游资源转化而来的、能创造更多价值的旅游吸引物。如三国城景区中的现场演出项目"三英战吕布"和太湖战船"孙权号""诸葛亮号"水上观光项目。

旅游资源和旅游体验项目之间的关系紧密。一般来讲,两者之间关系如下:

(1) 两者都是旅游吸引物。旅游资源强调原赋性,即自然创造或历史创造;而旅游体验项目强调当下的创新创造。经过当下开发设计的旅游体验项目常常能增加旅游资源的吸引力,为当代游客提供更好的旅游体验。比如三国城中的太湖水域,本身具有一定的旅游吸引力;在此基础上开发设计的太湖古战船旅游体验项目,进一步提升了游客的游览感受,增强了该旅游区域内水资源的魅力。

(2) 同一种旅游资源可以开发成不同的旅游体验项目。以大象为例,从旅游体验项目的角度来讲,我国西南地区当地设计了多种不同形式的大象旅游体验项目,来增加游客体验:通过丛林空中廊道观察大象的日常生活和迁徙路径;观看大象主题巡游;与大象一起体验丛林漫步等。

(3) 有极少量的旅游体验项目,属于当代的社会建构,不以原赋旅游资源为基础,如迪士尼乐园的一些迪士尼人物。

1.2 旅游体验项目的类型

旅游体验项目类型众多,依据游客的主要动机,可以分为以下类型。

1.2.1 观光体验项目

观光旅游是人类萌生旅游动机的第一选择,它给人的刺激最直观、最简单、最深刻,最易被各层次的人所接受,也是开展其他旅游项目的基础。观光旅游体验项目既包括自然观光旅游体验项目如登山游湖,也包括人文观光旅游体验项目如城市观光。

1.2.2 文化体验项目

旅游者文化素质不断提高,游览阅历日益丰富,其对旅游活动文化品位的要求越来越高,文化内涵也越来越多样化,旅游将成为一种普遍的社会文化教育活动。文化体验类旅游项目是指以了解旅游目的地的文化并进行交流为主要内容的旅游项目。

1.2.3 休闲度假类

传统的度假旅游项目以享受阳光、海洋、沙滩的海滨为主。20世纪后半叶,度假旅游产品从海滨向山地、湖泊、森林、草原和乡村扩展,并出现了规模大、类型多、项目丰富、设施完备、专营高消费度假产品的度假区及各类度假中心,同时涌现出众多大众化的野营度假地、汽车野营等。

1.2.4 娱乐健身类

娱乐健身类旅游体验项目是指以游乐园等可以达到娱乐休闲功能和登山、滑雪、探险、潜水等可以达到健身目的为主要旅游活动内容的旅游项目,此类项目还常常能激发游客的个人兴趣从而成为高重游率的体验项目。

在旅游开发创新实践中,游客的旅游动机常常是综合性的,因此,很多旅游体验项目包含多种体验维度。以杭州西溪湿地的旅游体验项目"渔夫之旅"为例,游客在优美的自然环境中体验渔夫捕鱼的过程,既能从视觉上感受江南水乡的湿地风光,又能从文化层面理解渔民生活。这种沉浸式的动手实践,不仅达到了休闲放松的目的,还增添了娱乐性。

材料阅读 3-2

西溪湿地推出休闲旅游项目——渔夫之旅

为了展现西溪原有的民俗风貌和劳动人民的生活情景,让游客来西溪欣赏美丽的景色之外,更可以感受到湿地作为环保维护者、食物供给者的生态价值,参与到西溪的农耕渔事活动中来,西溪国家湿地公园精心设计并推出了一条以体验渔事活动为主的精品游线,将游玩、捕捞、美食结合在一起。

来西溪的游客大都怀着对大自然的热爱和对生活的激情。他们在西溪船工及渔夫的带领下,乘坐摇橹船,领略赏心悦目的湖光山色,享受生机盎然的野外生活。幽谷清风吹走了城市的喧嚣,西溪湿地"渔夫之旅"让人们在领略西溪湿地独特风光的同时,还可体验生动有趣的农耕渔事活动,寻找在生态、自然之中的健康生活。

"渔夫之旅"以6座摇橹船为游览交通工具,两名船工兼渔夫为活动工作人员,带领游客边游览西溪的自然风光,边体验江南西溪特色的传统农耕渔事活动。游客将使用虾笼、地笼、丝网、甲鱼钩、撒网等五种捕鱼方式,捕获鱼、虾、甲鱼、螃蟹、黄鳝等各种水产,享受野趣及农耕传统生活。最后游客将品尝自己的劳动成果及农家生态菜肴。

西溪国家湿地公园在推出"渔夫之旅"的同时,针对夏秋两季适时推出西溪夜宴,让游客在夜幕低垂时享用精心准备的美食,欣赏夕阳中的西溪美景。

材料阅读 3-3

荡口古镇推出文化旅游体验项目
——"唐伯虎点秋香"实景演出

荡口古镇位于江苏省无锡市锡山区东南鹅湖镇境内,西邻鸿山越国贵族墓群和泰伯墓,东与苏州、常熟接壤。相传,周星驰电影《唐伯虎点秋香》中华太师的原型在无锡荡口古镇。但是此地历史上真实的"华太师"华察是个智慧超群、有为的官员,与电影中的形象不同。华察曾提出"众筹"思路倡议家族富户捐"役田","役田"所得作为备用金应对官府赋税,结余还可资助族里贫困户等,这也是

技能三 旅游体验项目策划 61

"江南义庄"最早雏形。

近年来,为提升知名度和吸引游客,古镇结合文化IP"唐伯虎点秋香"进行了一系列文旅推广活动:将"唐伯虎点秋香"的故事与古镇特色结合,设计了相关打卡景点和体验项目;在这一爱情故事的基础上创新推出"唐伯虎点秋香"实景演出,年轻演员在古镇实地扮演春香、夏香、秋香、冬香、唐伯虎、文徵明、祝枝山、徐祯卿等华府丫鬟和江南才子,上演浪漫爱情故事。游客有机会参与角色扮演,沉浸式参与互动游戏,增加演出的趣味性。

市场反馈:

1. 游客增长。活动推出后,游客数量显著增加,尤其是年轻游客和家庭游客。

2. 品牌提升。通过文化IP的打造,荡口古镇的知名度大幅提升,成为热门旅游目的地。

3. 经济效益。演出吸引了更多游客,并且延长了游客的停留时间,游客消费带动了古镇餐饮、住宿、零售等行业的增长,经济效益显著。

4. 文化传承。活动不仅吸引了游客,还促进了传统文化的传播和传承。

二、旅游体验项目策划

当下,全球旅游业进入新阶段,其中突出的一个特征是创新旅游目的地的产生。迪拜、拉斯维加斯、加勒比海邮轮等是全球知名的创新旅游目的地,这些目的地很大程度上是为游客专门整体创新设计的。此外,在其他各旅游场所,一些创新旅游体验项目也不断涌现,如出海观鲸、丛林徒步冒险、亲密接触海豚、乘坐狗拉雪橇、沙漠滑沙等。这些创新旅游体验项目,既给游客带来了新颖的旅游体验,也给旅游目的地或旅游企业带来了良好的旅游收益。发展的本质是对资源的高效利用,旅游业也不例外,对旅游资源高效利用的方式之一就是旅游体验项目的创新设计。

2.1　旅游体验项目策划的内涵

旅游体验项目策划是旅游策划的细分类型,具体是指结合旅游场所现有的资源和当下旅游市场的特点,创造性地设计某种旅游项目,包括项目的名称、项目分布空间、游客体验内容、项目开发建设等,从而提高旅游场所的旅游吸引力,促进旅游场所的进一步发展。

旅游体验项目策划是旅游目的地和旅游企业产品开发的核心环节。

2.2 旅游体验项目策划的总体原则

2.2.1 以资源为基础,因地制宜

旅游资源是旅游业发展的基础,因此,拥有旅游资源优势的地区在发展旅游时更具优势。开发自然旅游资源一定要注意对环境的保护,开发人文类旅游资源一定要努力挖掘地方历史文化内涵。旅游体验项目策划要以当地的旅游资源为基础,依托资源策划产品。哈尔滨发展冰雪旅游节,依托其独特的冰雪旅游资源;西安建大明宫依托其独特、垄断性的唐文化旅游资源。

以资源为基础,具体策略包括高效利用显性资源、充分挖掘隐性资源和巧用公共资源。

2.2.2 以市场为导向,注重体验

当前,中国及国际旅游市场都表现出一些稳定而多样化的特征。同时,体验经济时代已经来临,体验经济强调消费者的感受性满足,重视消费者行为发生时的顾客感受。围绕消费者的感受去设计产品和服务,是体验经济的立足点和出发点。精心设计游客体验是旅游业的一种新的价值源泉。良好的旅游体验主要来自积极的心理感受,如好吃、好看、好玩、放松、舒适、开心、愉悦、惊喜、成就感、受尊重、认同感等;不好的旅游体验主要来自游客消极的心理感受,如无聊、无趣、无序、失望、疲劳、身体不适、气愤等。旅游产品的质量好坏,吸引力大小就在于其能在何种程度上激发游客的积极情感体验,因此,旅游项目策划尤其注重体验性。

在大众旅游时代,观光旅游是旅游体验的主要形式。然而随着旅游产业的深度发展,出现了很多资深游客,这些游客旅行经历丰富,他们更渴望通过不局限于"视觉"的全身心投入来获得新的旅游体验。因此,"参与"成为游客获得新的旅游体验的方式。

注重体验,需要把握目标市场的总体特征;注重体验,需要长期跟踪游客的旅游体验反馈;未来随着休闲体验的发展,游客的体验会随着游客旅游经历的不断丰富而发生变化。

2.2.3 以特色为根本,塑造品牌

以特色为根本是指策划旅游项目要把开发当地的特色旅游资源、塑造当地的特色旅游形象作为旅游体验项目策划的出发点。以特色为根本要求进行旅游体验项目策划时要注意突出民族特色和地方特色,旅游项目的特色越突出,个性越鲜明,垄断性越强,对旅

游者吸引力越大,竞争力越强。哈尔滨的冰雪、海南的热带滨海沙滩、西南的少数民族文化、四川的高山秀水等特色都非常突出。中国乃至世界上旅游业发达的地方,基本上都具有鲜明的特色。

纵观旅游业的发展历程,新奇一直是游客积极情感体验的一个重要来源;旅游产品特色越明显,潜在消费市场越大;产品特色越明显,品牌效益越明显。

2.2.4 以效益为目标,三效合一

旅游体验项目策划,一要提高旅游场所的旅游吸引力,提高旅游场所的经济效益;二要改善旅游场所的生态环境;三要提高旅游场所的旅游质量和游客体验,增加旅游场所居民自豪感。

2.3 旅游体验项目策划的基本流程

2.3.1 界定问题

界定问题就是对问题进行仔细分析,把问题的实质和范围加以明确地说明,如需要明确是进行某单项旅游体验项目策划还是进行整体旅游体验项目策划。只有界定了问题,才能明确策划的本意和要求,了解策划的内容和对象,将策划目标具体化。

2.3.2 调查分析

确定调查的内容。在收集整理资料之前,要明确调查的内容。收集资料带有一定的目的性,不能漫无目的,胡子眉毛一把抓,这样不仅会增加工作量,还会使目标不集中,不能获得有效的资料。

收集第二手相关资料。策划人员获取资料的来源一般有2种,即第一手资料和第二手资料。其中第二手资料是指由他人收集整理并存放于某处的信息资料,也可以叫现有资料,包括企业内部资料、政府统计资料、书籍报刊等。策划人员应当从收集第二手资料入手,只有当第二手资料不能满足策划人员调查的需要时,才需要收集第一手资料。收集第二手资料有耗时少、节约成本等特点。

收集第一手资料。第一手资料具有可靠性、真实性和时效性特点。实地考察是获取第一手资料的一个重要途径,第一手资料获取的方法有观察法、会议法、询问法、发放问卷法、人员访谈法等。同时,实地考察需要到实际中走走看看,以便对策划对象有一个感性的认识,并有可能获得策划的灵感。

资料整理。收集来的资料很多,需要进行分门别类、去伪存真、去粗取精,这是旅游策划调查分析阶段的资料整理过程。通过对收集来的资料进行整理,获取有益的信息,这样对问题的认识更深入

一步,有助于提出解决问题的方案。

2.3.3 创意构思

旅游体验项目策划主要是为了能够进一步提升旅游景区的吸引力和美誉度,提高旅游景区的经济效益、社会效益和环境效益,以及促进旅游景区的可持续发展,而提出的关于某种旅游项目的方案和建议。这种方案、建议就是旅游体验项目策划的创意。创意不是单凭某一个人的点子就可以简单得来的,而是要通过系统地组织、整理,形成可以实现的构想和方案。

2.3.4 撰写策划文案

旅游体验项目策划文案的内容一般包括策划主题名称、策划单位、策划场所、项目策划的内容及详细说明,可配图表说明。策划文案撰写的基本要求是条理清楚、重点突出、观点明确有新意。

【课堂交流】

游客因何获得了怎样的感受性满足或失望?

【课后调查与反思】

课后总结自我旅行经历反思、亲朋旅行经历访谈,或调查网上公开的旅行体验留言。

组件二 旅游体验项目策划前期调查

一、旅游地调查的方法

1.1 文献法

文献法就是搜集和分析研究各种现存的文献资料,从中选取信息,以达到某种调查研究目的的方法。通过文献法可以获得准确可信的历史性旅游资源信息,但文献法有时很难取得当下的各种信息,以致获取的信息不够全面。

1.2 实地考察法

实地考察法是指调查人员到现场实地考察,通过观察、测量、摄录、记录等方式,一方面对文献调查法获取的资料进行验证,另一方面收集一些更全面、详细的信息,并获得对旅游资源的感性认识。

实地考察要求调查人员要有实地考察的经验和能力,调查前要做充分准确,调查过程中要善于观察,调查结束后要及时进行总结。

实地考察法实施周期较长,成本较高。

1.3 访问座谈法

访问座谈是旅游资源调查中常用的一种调查方法,指通过走访当地居民、有关部门,通过座谈的形式,深入了解相关部门及当地居民对旅游业的态度和看法,了解旅游场所发展的现状及存在的问题,深入了解旅游场所的发展历史及文化内涵。访谈法容易实施且方便可行,引导深入交谈可获得可靠有效的资料。访谈法一般在调查对象较少的情况下采用,且常与问卷法、观察法等结合使用。

1.3.1 会议形式的集体座谈

访问者要细心准备在座谈中所要提出的问题,拟好座谈提纲。调查过程中要注意认真记录,对于反映比较突出的问题可以详细询问,最后对调查的情况进行总结。集体座谈以 1—2 小时为宜。访谈结束,应起身致谢。

1.3.2 面向居民和游客的随机访谈

实施要点包括:

(1) 接近访谈者

提前预约;得体着装;比约定的时间早到 10 分钟为宜;第一次见面,称呼要适当,既要尊重恭敬,又要恰如其分。

(2) 提问与听取

访问语言要通俗,提问要灵活。访谈员访谈过程中自始至终都要表现出有礼貌、谦虚、诚恳、耐心。

(3) 结束访谈

一般情况下,访谈时间不宜过长,个别访谈时间以半小时至一小时为宜;要想有效率地听取访谈中的信息,首先可采取不干扰被访谈者回答的方式,专心地听。其次,访谈者在听时,可以不断地用"好""嗯"等语言信息,或用点头等非语言信息鼓励对象继续下去。对被访谈者的回答没有听清楚或不懂的问题,应请对方再重说一遍,特别是涉及人名、地名等资料时,请对方再重复一遍是相当重要的。同时,访谈过程不仅是信息交流的过程,而且是感情交流的过程。

1.4 问卷调查法

问卷调查也是旅游场所调查的方法之一。如对在景区的游客、景区的从业人员及当地居民，通过调查问卷详细了解旅游景区在游客心目中的满意度、当地居民对旅游业的态度、旅游资源及旅游市场的动态信息等。

问卷调查法实施的要点是制定科学的问卷，有效发放问卷，对回收的问卷进行详细的统计分析。

1.4.1 问卷的设计

游客问卷调查表一般由标题、问卷说明及调查内容三部分组成。调查内容是由调查目的确定的。如果想了解游客的基本信息，可以以性别、年龄、收入、客源地等为主要调查内容；如果想了解游客的消费特征，可以以旅游目的、旅游消费行为为主要调查内容。

1.4.2 问卷的发放

问卷的发放主要由网络调查、现场游客拦截等方式。网络调查可以依托在线调查平台开展，问卷星、腾讯问卷等平台均支持各种类型的问卷调查，包括创建调查表、生成链接或二维码等。现场拦截游客一般有两种开展方式，一是留置问卷于旅游地然后由旅游地经营和服务一线人员开展拦截工作；另一种是调查人员现场拦截。现场拦截游客实施中，在调查对象选择方面，要注意调查对象的代表性。

材料阅读 3-4

五一期间，张家界景区游人如织。某一旅游市场调查小组开展问卷调查工作，调查员甲看见某一旅游团队导游正在办理进入景区的手续，其他团队人员正在等候，于是对其进行问卷邀请，请游客帮忙填写问卷；调查员乙则在景区主游道上选择人多的地方发放问卷；调查员丙则在缆车等候处进行问卷调查；调查员丁则选择在景区休息亭处发放问卷。试分析 4 名调查员在选择调查对象方面有哪些好的经验和不适当的做法。

在选择合适的调查对象后，就可以发出问卷邀请，一般问卷邀请应包含问候、亮明身份、介绍调查主题、承诺信息保密及询问是否可以抽出时间等内容组成。

发放问卷有时会附赠一些小礼物，这种做法的好处是可能会提

技能三　旅游体验项目策划

高答卷人的积极性,改善他们的答题态度,以减少调查的阻力并提高问卷的有效性。

> **材料阅读3-5**

周末小张去无锡梅园景区做问卷调查。在三星台上,一对情侣走过来,停下来准备拍照。于是小张上去进行问卷邀请。

"上午好,打扰一下。我是无锡Ａ大的学生,我现在正在进行梅园景区关于旅游市场方面的调查,希望你们能帮我填写一份问卷,您的回答将有助于我们提高梅园景区的产品质量和服务质量。填写完问卷后,我们将赠送你们一份旅游纪念品表示感谢,还可以帮你们拍张合影噢。现在,能麻烦你们抽出5分钟的时间吗?"这对情侣愉快地接受了邀请,认真地填写了问卷。

结合以上案例,分析问卷邀请时要注意些什么?

问卷调查结束后,应向调查对象表示感谢;向调查对象赠送纪念品。

1.5　网络调查法

网络调查法是传统调查方法在新的互联网信息传播媒体上的应用,包括对二手资料的调查和原始资料的调查等两种方式。由于网络调查法速度快,成本低,已经成为各个行业调查人员经常采用的方法。但网络调查所获取的资料信息的真实性和数据质量难以保障。

二、旅游资源调查的步骤

2.1　调查准备阶段

调查准备阶段主要包括以下工作:

2.1.1　资金准备

旅游资源调查的涉及面相当广,劳动量相当大,即包括资料的收集,也包括实地考察,还包括最后资料的整理、编制。这需要利用大量的人力、物力,所以必须有充足的资金来保障。调查资金的来源首先可以是旅游行业主管部门的行政拨款,或有意于旅游开发的旅游企业来提供。还可以通过招商引资来获得更多的资金支持。

2.1.2 成立调查小组

由于旅游景区调查涉及的内容比较多,调查内容就显得十分繁杂。旅游资源调查小组应由专业人士组成,应做好适当的分工。

2.1.3 制定调查计划

旅游资源调查应制定科学的调查计划和调查方案,包括调查的区域、调查的对象、调查的时间安排、调查小组的人员安排以及资金的使用等等。

2.1.4 制定旅游资源调查表

在旅游资源分类调查中,应提前制定好旅游资源调查表和旅游资源单体调查表。

2.2 资料收集阶段

2.2.1 收集内容

收集景区相关的二手资料,以了解调查区域的基本情况,并且为实地调查做好准备。

2.2.2 收集渠道

调查前期收集景区相关二手资料的主要渠道有相关书籍、统计年鉴、宣传资料、新闻报道等。

2.3 实地调查阶段

主要通过现场走访、现场交流会、摄影等途径和方法获得一些感性认识和第一手资料。

2.3.1 以观察法为主

在旅游景区现场调查方法中,观察法是一种最基本、最常用的方法。所谓观察法,就是观察者根据策划内容、目的和要求,有目的地用眼睛、耳朵等感觉器官,直接或间接地对研究对象进行观察,以取得有关资料的方法。用观察法获得的资料真实、生动、及时。

观察法实施要点:

(1) 勤于观察

在实地调查过程中,要根据调查内容有针对性地主动观察,如水体质量、建筑风格、游览线路时间、绿化面积、厕所卫生等,同时要注意景区内文字、图像、指示牌等信息。

(2) 及时记录

在实地调查过程中能获得大量的信息,对于这些信息,一定要及时记录,以免忘记,如名称、对联、碑文、题字、景区荣誉、价格等。

2.3.2 及时纪录

(1) 笔记本记录

调查前期要准备好笔和记录本。

(2) 表格记录

调查前期根据调查内容设计相应的调查表,调查过程中参照调查表进行调查,完成调查表的填写,既有利于完成调查内容,又有利于记录。

(3) 图像记录

提前准备好相机现场拍照是一种很好的记录方法,拍照既可以快速记下大量文字资料,还可以保存很多景观资料。但拍照后的资料要及时进行信息的筛选和整理。

(4) 电子文档

在进行访谈时,一些景区或部门可能会提供电子文档资料。所以,调查者或访谈者应随身携带电子文档存储设备。

(5) 宣传资料等

调查者还应积极收集景区的导游图、景点简介等相关宣传资料。

2.4 整理分析阶段

对前三个阶段收集的资料进行整理,并编制旅游资源调查报告。

资料整理:对文字资料、照片,以及现场观察所得资料的整理,对错误的信息进行鉴别、修正。

资料分析:对调查的资料进行统计分析,包括主要景区景点的数量,各景区景点的名称,各景区景点的分布,自然旅游景观的数量、规模,人文旅游景观的数量、规模,A级景区的数量统计。核心景区景点的相关信息,如景区特色、景观的美学价值、文化价值、进出交通、旅游现状、每年接待游客数量、景区发展中存在的问题等。

编制旅游资源调查报告:通过上述各环节,将相关资料进行整理汇编,最终形成一份旅游资源调查报告。

三、旅游场所调查报告的编写

旅游目的地调查,包括实地考察,需做大量的准备、周密的安排,付出艰辛而有创造性的劳动,因此,应及时总结得失和经验,巩固成果,分析处理实地考察调查的数据,并予以总结。总结的形式很多,但一般都要求撰写调查报告。旅游场所调查的最终成果是调查报告。旅游调查报告的成果形式既可以是一份综合性的《××旅游场所调查报告》,也可以根据需要分别编制《××旅游资源调查报告》和《××旅游市场调查报告》。

调查报告一般由以下几部分内容构成。

(1) 标题

标题一般把实地调查的区域和内容明确地表达出来,如《江苏省旅游调查报告》。

(2) 正文

正文一般由开头、主体、结尾三部分构成。

① 开头

简明扼要地概述考察或调查的目的意义,调查时间和区域基本情况,让读者对景区考察有一个总体认识。开头的形式比较灵活,或开门见山地阐明目的、地域范围、内容和方式,或提出中心议题,摆出旅游实践迫切需要解决的问题,以引人注目,唤起读者重视,或阐明实地考察和调查的性质、意义。总之,不论以何种形式开头,都要阐明情况,吸引读者读下去。

② 主体

这是考察或调查报告的主要内容,需要把考察和调查的内容、经过、问题等阐述详尽。这部分要写得具体、深刻,主次分明,详略得当,联系紧密,层层深入。常见的结构方式有:

- 纵式结构,按调查的先后顺序写,就考察的情况、调查的问题逐个阐述清楚。若为对同一区域的同一问题连续进行多次追踪调查,则还可按照问题的发生、发展、变化的过程写,使之先后有序,条理清楚。
- 逻辑结构,按照调查内容各层次之间体现的逻辑关系写,如因果关系、主次关系或递进关系等,做到环环相扣,从现象的来源到深层次的原因剖析,由表及里,逐层深入,精辟论述。

③ 结尾

这是考察和调查报告的结束语,回答考察和调查所提出的问题,对野外所见现象做科学分析后所做的结论。有的是概括考察和调查情况后,进一步强调主题问题的重要性和主要方向,以加深认识;有的还展示未来,指出今后方向等。结尾要简洁有力,切忌画蛇添足,有话则长,无话则短,没有必要,还可省去结尾部分。

【课后调查与反思】

开展网络调查,有哪些好的经验和策略?

组件三　旅游体验项目创意构思

一、旅游体验项目的市场定位

旅游场所旅游市场定位是指旅游景区根据旅游客源市场需求与竞争状况,并根据自身条件,确定旅游地所提供的旅游产品在目标市场上的地位。要进行准确的市场定位,必须先进行旅游市场需求分析,掌握旅游市场的规模、旅游偏好、旅游行为等方面的特点;然后再结合景区实际条件来进行准备的市场定位。

要选择目标市场,须从旅游地的区位、资源、竞争等几个方面进行分析,找出旅游地的优势、劣势、机会和威胁,进行综合考虑,选出能体现自身优势、弥补自身劣势、机会最大、威胁最小的市场作为自己的目标市场。

1.1　旅游场所区位条件

旅游场所区位指旅游景区的具体位置、交通条件、与周围其他旅游场所的空间关系,主要包括与客源地的距离、与中心城市的距离、交通的可达性及与相邻旅游区的关系等方面的内容。

1.2　旅游场所旅游资源条件

旅游场所旅游资源条件即旅游场所的旅游资源状况,主要包含旅游资源的质量、种类、特色、规模等方面的内容。一个景区旅游资源优势明显,就越容易赢得市场优势。

1.3　目标市场的竞争状况

旅游目标市场的竞争状况,决定着旅游的前途、命运。由于很多旅游项目建设滞后转产十分困难,旅游场所必须事先充分研究目标市场上竞争者的数量和能力,以便准确进行市场定位并制定出恰当的竞争策略。

二、旅游体验项目创意构思的方法

2.1 头脑风暴法

头脑风暴法的意思是就有关问题召开专家座谈会,让与会人员畅谈自己的观点,对问题进行深刻分析,然后由策划人员对专家的意见进行梳理组织,形成统一的结论,最终找出问题的症结,并提出有针对性的策划创意。

2.2 移植策划法

移植策划法就是将他人或其他旅游地的项目构思移植到本旅游地中,结合本旅游地的主题和实际情况,进行新的构思创造。项目移植策划法也可称项目效仿法,其基本内涵是直接将别人在其他旅游地成功运作的项目移植到自己所策划的旅游地。项目移植法在旅游开发领域中被广泛采用。但地区间的经济、文化、生态环境、客源市场存在巨大差异,在一地相当成功的项目换到另一地区可能会遭遇失败,使得这种方法具有一定的风险性。故项目移植策划一般只适合相互之间比较类似的旅游场所。

2.3 问题分析法

通过问卷调查、电话采访、实地采访、网上调查等多种方式,询问旅游者对旅游场所的印象和建议,收集旅游者对相关旅游项目的的想法和建议,寻找启发和思路,然后进行有针对性的项目策划创新。问题分析法的问题来源于旅游者,比较客观准确,提高了策划的目标性,是一种普遍采用且效果较好的策划创意方法。

三、旅游体验项目创意的可行性分析

3.1 项目的优势和特色

旅游体验项目的优势和特色是其可开发的前提和基础,并决定着该旅游项目开发的潜力。一般来说,旅游项目的优势越明显,所具备的开发潜力越大;项目的特色越突出,就越容易识别,越能提炼出与众不同的项目主题,其旅游吸引力和竞争力就越强,开发也就越容易获得成功。

3.2　资源、环境条件分析

即对旅游项目所依托的旅游资源条件和环境条件进行分析。一般来说项目依托的资源条件越独特,旅游项目开发的成本也就越低。项目依托的环境条件越优越,项目的竞争力也就越强。如山岳型旅游场所开展避暑旅游项目,因为资源优势明显,夏季较凉爽,所以开发避暑旅游项目就容易获得成功。

3.3　市场条件分析

旅游项目开发的重要目的是获得经济上的利益,即吸引更多的客源市场,增加景区游客量。因此,分析一个旅游项目的开发是否可行,必须认真分析其面临的客源市场特征,如旅游市场的规模预测、市场的旅游偏好等。

四、旅游体验项目策划的宏观—微观维度

游客旅游体验有宏观和微观维度的差异。宏观旅游体验一般与旅游场所整体景观和特色旅游体验项目有关,而微观旅游体验一般与消费者服务、旅行过程元素有关。

4.1　宏观旅游体验

以湖泊旅游场所为例,目前全球湖泊旅游场所数量众多。水体是一种非常常见的旅游资源,既具有观光功能,又具有休闲功能,一些独特的水资源还具有很强的疗养功能,依托水体资源的旅游开发实践在全球非常普遍。

在我国西部地区,有很多高山湖泊以及少数民族心目中的圣湖,如玛旁雍错、赛里木湖,其优美的水体景观常常让游客心旷神怡并念念不忘,从而给游客带来极其强烈的正向的宏观旅游体验。尽管游客在前往这些偏远旅游场所的过程中可能经历一些消极的微观体验,但他们在获得极强的宏观体验后可能会选择忽略一些消极的微观体验。这类水体景观是较为稀缺的。

我国中东部地区广泛分布着众多湖泊,其水体景观相对于很多西部高山湖泊价值偏低。但在国民休闲大发展背景下,很多中东部

湖泊被赋予了重要的旅游休闲功能。很多旅游场所依托这些湖泊开发设计了众多旅游项目,为当代都市人提供休闲旅游体验。

4.1.1 水污染治理

我国很多中东部湖泊受工业化和城市化影响出现过很多不同的水污染事件,污染性水体一般会给游客带来宏观的消极体验。所以很多中东部污染湖泊旅游开发的重要策略是通过水污染治理,提升水体景观质量,消除宏观的消极体验。杭州西湖、无锡太湖流域等地的旅游开发历史上都经历过水体污染,并都通过科学的水污染治理获得了极好的效果,消除了游客观赏水体时的宏观消极体验。

21世纪初,太湖流域多地先后启动太湖水污染治理工程。无锡蠡湖湿地是水污染治理和旅游开发的典型代表。在长达十几年的蠡湖水环境综合整治开发过程中,地方政府坚持生态优先,通过生态清淤、污水截流、退渔还湖、生态修复等系列工程,区域水环境质量和湖水能见度得到提升,水域面积扩大,湖区蓝藻大大减少,周边生态环境明显改善,环湖鸟类显著增多,蠡湖也因此成为当地一张亮丽的城市名片。本地居民和外地游客纷至沓来,体验并感受江南水乡的独特韵味。

4.1.2 水体休闲旅游项目开发

每一种旅游资源都有自己的属性特点。水体资源的属性特点主要包括:美学形态多样,具有色彩美和形态美;具有流动性,视觉美之外兼具听觉美、动态美,如泉水叮咚、瀑布咆哮;流动的水体可净化空气,流域内空气负离子含量高等。依托水体资源的这些特点,可以开发成多种不同的旅游体验项目。

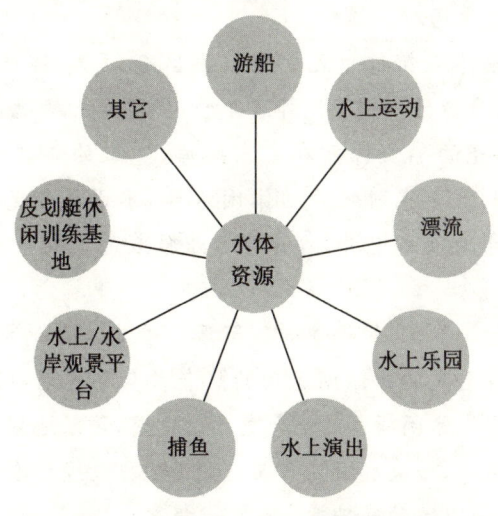

图3-1 水体旅游资源相关旅游体验项目

不同的体验项目,其项目前景和目标受众市场也有所不同。以皮划艇训练基地项目为例,其目标市场是对新事物感兴趣的冒险者、对体育运动感兴趣的创新者,以中青年群体为主,是新兴的增长型市场。早在2015年,长江经济带一些城市就开始尝试利用区内水域建设皮划艇休闲运动训练基地。如今,太湖流域多地依托太湖水域平静的水面,开发了皮划艇训练基地项目,该项目深受中青年消费者的喜欢。很多皮划艇爱好者开始接触皮划艇是为了接触一些新运动,或者为了有更多独处的时间,缓解压力、放松心情,但经过一段时间的训练,很多接触者对这项运动的兴趣越来越浓厚。近年来,皮划艇成为中国户外运动的新宠,参与者人数逐年递增。国家体育总局也曾联合相关部门发布《户外运动产业发展规划(2022—2025年)》,明确支持长江经济带利用沿线水域资源发展皮划艇、赛艇、龙舟、漂流等水上运动项目,打造长江水上运动带。

材料阅读 3-6

蠡湖皮划艇休闲运动训练基地正式对外开放,着力打造水上休闲项目亮点

芦苇、飞鸟、微微湖风,美景如画的蠡湖最近又平添灵动之美。蠡湖,拥有38千米湖岸线的自然美景,现已向皮划艇爱好者开放,特设专门水域供其体验。同时,专业的皮划艇运动休闲基地——蠡湖山水综合运动体验馆也正式对外开放,为运动爱好者提供了一个全新的休闲娱乐场所。

综合运动体验馆位于无锡市滨湖区金城湾,集产品展示、运动培训、会员交流于一体,吸引了不少市民前来参观体验。各种型号、颜色鲜亮的船艇停靠在室内艇库,宽敞的培训教室可供室内学习。来到蠡湖皮划艇运动休闲基地,水面是船影点点,小巧的皮划艇轻柔地在水中滑行,身着专业服装的划艇者奋力挥着双臂,划桨前行。

随着自行车赛、马拉松赛等国际赛事在蠡湖边的成功举办,滨湖掀起了一股全民健身休闲运动的热潮。蠡湖皮划艇运动休闲基地成为蠡湖水上休闲项目的一大亮点。目前,该基地划分出两块水域供皮划艇运动,一块水域为日常训练和体验区,无论有无相关经验,只要对皮划艇运动感兴趣者都可以报名体验。

为了将这项户外水上休闲运动真正推广出去,鑫湖山水还将针对非专业的爱好者举办首届休闲皮划艇大赛。届时,18至60周岁的非专业皮划艇爱好者都能参加报名。

不同的旅游地,其水体资源具体形态不同,适合开发的旅游体验项目也不同。旅游策划和开发人员可以尝试通过国家体育总局、地方体育局、水上运动协会、皮划艇协会咨询、了解水上运动相关设施建设标准、场地标准或指导意见。

【技能迁移】

每一种旅游资源都具有独特的属性特点,往往有多种开发利用方向。如前所述:依托大象资源可以开发多样化的旅游体验项目,如通过丛林空中廊道观察大象的日常生活和迁徙路径;观看大象主题巡游;与大象一起,体验丛林漫步等。依托水体资源同样可以开发多样化的旅游体验项目,如游船、水上运动项目、漂流、水上乐园、水上演出、捕鱼等。这样的发散思维也可以用于其他不同类型的旅游资源的策划与开发。不同的项目给游客带来不同的旅游体验;不同的项目对不同类型细分市场的旅游吸引力也不同。

4.2 微观旅游体验

尽管宏观体验一般比微观体验更大程度上影响着旅游者的总体旅行体验,但由于很多旅游场所具有同质性,如休闲湖泊之间、皮划艇训练基地之间、古镇之间、园林之间、历史文化街区之间、乡村旅游地之间等,总体上给游客的宏观感受相似,提供的旅游体验项目也类似,这时,游客常常通过微观体验来衡量旅游场所的体验质量。

旅游场所的微观旅游体验,存在于旅游者旅行中的各个环节。微观旅游体验策划,需要策划者从以人为本的角度出发,关注旅游者的一般消费心理和普遍出行诉求,尽可能从各个微观环节改善旅游者的微观体验,如适时的交通导向标志、耐心的服务、整洁的卫生、物美价廉的小吃、排队时的遮阳棚、徒步路径旁的休闲座椅、可临时租借的雨伞、免费的电子导览等。

材料阅读 3-7

天目湖南山竹海网红项目——地面缆车

江苏省常州天目湖南山竹海景区，山水相映，区内有 35 000 亩翠竹，风光旖旎。竹海类景区，无论在江苏还是在长三角或是在我国南方地区，并不少见。南山竹海通过创新性开发运营，推出了国宝熊猫等旅游体验项目和地面缆车等特色交通项目，让其在众多同类景区中脱颖而出，深受游客欢迎。

2011 年 9 月，南山竹海地面缆车通过国家客运架空索道安全监督检验中心监督验收合格后试运行。该缆车属于双车厢往复式地面缆车，设计运量 1 028 人/小时，实际接待量为 950 人/小时。公司开发该项目是为了完善旅游设施、增强旅游功能、丰富旅游产品及内容。

南山竹海地面缆车开通后，约 80% 游客至竹海后均选择地面缆车为体验工具，乘坐过程平稳舒适，车厢空间宽敞，游客可以在车厢内自由活动、拍照留念等。随着缆车在竹林间穿梭，游客仿佛置身于一个绿色的童话世界，能够深刻领略到竹林间的静而不宁、动而不躁的独特氛围，整体体验度较高。

一些游客表示夏季时分，地面缆车让游客减少了炎热下攀爬的体力消耗，增加了身体的舒适度；一些有老年人的家庭游客，也因为地面缆车节约了老年人的体力，而在众多竹海中选择了南山竹海。

【课后调查/反思与课上交流】

课后通过自我旅行经历反思、亲朋旅行经历访谈或调查网上公开旅行体验留言，在课堂分享积极或消极的微观旅游体验案例。

组件四　旅游体验项目策划文案编制

一、旅游体验项目策划文案的结构和内容

旅游体验项目策划文案一般包括以下结构和内容。

1.1　封面

封面内容一般包括题目、策划团队名称、策划文案完成日期等。

策划文案的封面应尽量规范、美观,题目一般为"某某旅游地项目(开发)策划书"。在封面设计时要注意字体、字号与整个页面协调搭配,在封面上可搭配景区的代表性风貌或标志性景观图片,以突出策划的主体旅游地。

1.2　目录

目录可以让评审或读者更方便地阅读策划文案。旅游体验项目策划文案内容较严谨,结构较规范,有必要设计规范的目录,并标出章节对应的页码。

1.3　正文

正文即对该策划文案产生的背景、策划文案的主要内容的叙述。其主要内容有策划背景、旅游地概况、资源分析、市场分析、项目分析。资源分析侧重于通过旅游资源调查总结出旅游资源的特色、优势、地方文脉等资源条件特点。旅游市场分析侧重于通过旅游市场调查总结出目标客源市场特征、旅游市场区位特点等。旅游体验项目分析则是在市场定位的基础上,对所构思的项目进行项目可行性、创新性和具体内容等方面的细致分析和阐述。

1.4　附件

附件一般包括旅游体验项目空间分布图等。

附件可根据委托方的需要灵活掌握,并非所有旅游体验项目策划文案都强求一律。

二、休闲农庄体验项目策划

2.1 背景

策划是基于行业发展、企业实践和具体情景下的有目标和意义的专业构想和设计。近年来,我国乡村旅游迅速发展,中国旅游研究院大数据监测显示,2019年,我国乡村旅游接待量已超过30亿人次,超过6万个行政村已开展乡村旅游经营活动。《中共中央关于制定国民经济和社会发展第十四个五年规划和二〇三五年远景目标的建设》提出"乡村建设行动",并将乡村建设行动作为"十四五"时期全面推进乡村振兴的重点任务。发展乡村旅游有利于提高农村经济收入、改善农村环境,有利于城乡共同发展、实现共同富裕,这是国家的伟大战略,是乡村振兴的重要实践方式之一。而旅游地发展创意构思和体验项目策划是各地乡村旅游的开发和发展的前置步骤。

【课堂讨论】

无锡锡山区王女士在2015年承包了村里200亩土地,种植水稻、蔬菜等农产品。近些年来,随着乡村旅游的发展,周女士也开始积极尝试发展农旅结合项目。你觉得依托这200亩土地可以开发哪些旅游体验项目?

2.2 乡村旅游资源分析

在乡村旅游领域,一切乡村性元素皆可视为乡村旅游开发的资源基础,包括水井、菜坛等乡村生活用具,鸡、鸭、鹅、羊等禽畜,竹林、茶园、薰衣草等生态景观,水蜜桃、枇杷、龙虾、竹笋等田园作业对象,以及乡村的新鲜空气、田地、河流等乡村要素都是乡村旅游资源基础,而乡村旅游的核心吸引力源于其乡土性和生态性。

无锡锡山区,作为具体乡村旅游地,往往还具有乡村旅游地方性特点,如当地的农业特产和农耕文化。具体乡村旅游的资源是私有的、潜在的、隐藏的,项目策划需要开展针对性的实地考察才能全面了解。

2.3 乡村旅游市场分析

乡村旅游以临近地区的都市人口为目标市场。无锡锡山区与苏州交界,乡村旅游消费市场广阔。作为新开发旅游地发展乡村旅游,一级市场可以直接面向无锡本地市场和苏州市场。2022年,江苏省城市经济数据显示,苏州市和无锡市经济总量分别在全省名列第一和第三;2022年底,江苏省城市人口数据显示,苏州市和无锡市人口总量分别在全省名列第一和第五。

从行业观察来讲,休闲市场、亲子市场和研学市场是乡村旅游和休闲农庄旅游的主要目标市场。

2.4 合作与竞争分析

无锡及苏州本地的乡村旅游发展具有良好的行业基础,苏州的西山和东山、无锡的宜兴南部山区是长三角知名的乡村旅游目的地。依托农庄开展农旅结合项目当地已有先验实践,苏州的牧谷农场在长三角积累了一定的市场口碑,无锡城东的锡山现代农业产业园是国家级农业创业园。

2.5 它山之石

2.5.1 国内——海南共享农庄

近些年来,各地在乡村休闲领域涌现出诸多创新实践。新疆哈密"私人定制"项目、"我在黑龙江有亩田"、盘锦农业认养等项目,受到游客和相关消费者的广泛认可,美化了当地的乡村环境并带动了当地的农民增收致富。其中,海南省共享农庄的创新实践具有一定的典型性。所谓共享,是指拥有闲置资源的农民有偿让渡资源使用权给他人并获得一定的经济回报,也即农民参与和共享乡村旅游发展成果。

在海南省人民政府的指导下,海南省积极谋划发展共享农庄,打造出众多特色共享农庄。大茅远洋生态村共享农庄以研学和亲子为主要目标市场,建设了果蔬体验中心、房车营地、木屋民宿、帐篷营地等体验项目;世界热带水果之窗共享农庄,以黄金木瓜、巨无霸百香果、无核橄榄、手指柠檬等奇珍异果吸引游客;兴隆咖啡谷探索开发出以咖啡为主题的农业产业园;方诺寨雨林生态庄园则以庄园所处的热带雨林环境吸引众多游客,定安香草田园共享农庄培育了超百种芳香植物,种植面积达几百亩。

2.5.2 国际——樱桃冠冒险农场

美国樱桃冠冒险农场依托各种农庄要素,为乡村旅游市场开发了很多有特色的旅游体验项目,深受游客欢迎。

稻草滑梯:用稻草搭建的滑梯,不仅弹性好,而且安全系数高,同时周边还有开阔的视野,稻草滑梯项目深受小朋友和大朋友的喜欢。

玉米迷宫:玉米迷宫项目在美国非常普遍且很受欢迎,樱桃冠冒险农场的玉米迷宫项目被选为美国玉米迷宫第一名。农场每年请设计公司设计不同的玉米迷宫路线,并为迷宫路线设计不同挑战级别:黄色拖车标记的简单级、橙色线索标记的中等级、红色鼓励信号标记的终极挑战级等。

2.6 项目创意构思

无锡锡山区一家农场根据实际运营,通过委托策划的方式,委托作者所主持的团队策划了以研学旅游为目标市场的体验项目。主要创意构思包括稻作体验、认识水八仙、田间小厨师等。

2.6.1 宏观层次

以下以"认识水八仙"项目来阐述项目具体构思。

(1) 功能:以水八仙为主题,让学生通过听、看、种、做一系列动作深刻认识江南水乡孕育出的独特食材。学生通过品尝水八仙主题菜肴,深刻体会每一道美食背后的辛苦劳作和美味源于自然的过程,深刻了解美食背后的真相,从而体验独特的江南农耕饮食文化。

(2) 设计:项目与无锡本地高校及无锡水生蔬菜研究所合作,在农场内设计水八仙展馆并种植水八仙。其中,茭白大规模化种植,其他水八仙主题蔬菜小规模种植。在此基础上,积极申报全国水生蔬菜种植保护基地项目,开展水八仙主题文创商品设计。

(3) 研学体验过程:研学课程全程由研学导师带队和指导。主要环节包括参观水八仙主题展馆、前往水八仙种植区采摘水八仙食材、制作水八仙主题菜肴、撰写田间课堂报告等。

2.6.2 微观旅游体验

研学活动,对学校师生来说具有户外课程的特点,课程实施依赖学校和研学基地共同组织。可提升研学师生微观旅游体验的环节有:设计活动/课程具体实施方案,设计研学导师的导览词,设计欢迎研学学生的红幅或液晶显示语,设计抽奖环节或为表现优秀的学生提供鼓励奖品。

以课程娱乐性策划为例,田间课堂实施过程中,因地制宜设计一些稻草堆叠的金字塔、巨型稻草人、小型稻草迷宫等,以供学生攀爬、娱乐、探索,可以让学生体会在田野玩耍的快乐。

【技能迁移】

　　休闲农庄研学体验项目具有"新现象"特征,是乡村旅游发展背景下的新业态,也是一种结构相对简单的业态,其目标市场主要为儿童、学生和亲子市场,市场特征易于识别、把握,市场结构也比较简单,因此,休闲农庄研学体验项目比较适合用于旅游体验项目策划的初级技能训练。

　　不同类型旅游项目策划的流程、原则、文本结构是基本相似的,但由于不同旅游资源本身特征和不同目标市场特征是千差万别的,因此,策划的具体内容完全不同。业界很多策划者,往往擅长某一个领域的产品策划,如无锡灵山集团对佛教文化旅游项目策划和开发具有丰富的经验;华侨城集团对主题公园项目策划和开发具有丰富的经验;宋城集团对旅游演艺体验项目策划和开发具有丰富的经验。要精通旅游体验项目策划,需要长期积累行业实践经验。

课后练习

一、判断

1. 旅游资源和旅游体验项目都是旅游吸引物。旅游体验项目强调原赋性,即自然创造或历史创造;而旅游资源强调当下的创新创造。（ ）

2. 同一种旅游资源可以开发成不同的旅游体验项目。（ ）

3. 旅游体验项目策划是旅游目的地和旅游企业产品开发的核心环节。（ ）

4. 旅游体验项目策划的基本流程依次包括调查分析、创意构思、撰写策划文案和界定问题4个阶段。（ ）

5. 游客旅游体验有宏观和微观维度的差异。微观旅游体验一般与旅游场所整体景观和特色旅游体验项目有关,而宏观旅游体验一般与消费者服务、旅行过程元素有关。（ ）

6. 要精通旅游体验项目策划,需要长期积累行业实践经验。（ ）

二、填空

1. ＿＿＿＿＿＿是由各种现实和潜在的旅游资源转化而来的、能创造更多价值的旅游吸引物,如三国城景区中的"三英战吕布"和"太湖古战船""孙权号""诸葛亮号"。

2. 旅游目的地调查,包括实地考察,需作大量的准备、周密的安排,付出艰辛而有创造性的劳动,所以,应及时总结得失和经验,巩固成果,分析处理实地考察调查的数据,并予以总结。总结的形式很多,但一般都要求撰写＿＿＿＿＿＿。

三、单选

1. （ ）是旅游资源调查中常用的一种调查方法,指通过走访当地的居民、有关部门,通过座谈的形式,深入了解相关部门及当地居民对旅游业的态度和看法,了解旅游场所发展的现状及存在的问题。

　　A. 文献法　　　B. 网络调查法　　　C. 访问座谈法　　　D. 问卷调查法

2. （ ）的属性特点主要包括:美学形态多样,具有色彩美、形态美,兼具听觉美、动态美;可净化空气等。

　　A. 水资源　　　B. 山地资源　　　C. 文化资源　　　D. 古建筑资源

3. 业界很多策划者,往往擅长某一个领域的产品策划,如（ ）对旅游演艺体验项目策划和开发具有丰富的经验。

　　A. 灵山集团　　　B. 迪士尼集团　　　C. 宋城集团　　　D. 华侨城集团

四、多选

1. 旅游体验项目创意构思的方法包括（　　）。
   A. 头脑风暴法　　B. 移植策划法　　C. 问题分析法　　D. 德尔菲法

2. 依托水体旅游资源可以开发（　　）等多样的旅游体验项目。
   A. 捕鱼　　　　B. 漂流　　　　C. 游船　　　　D. 水上演出

3. 在乡村旅游领域，一切乡村性元素皆可视为乡村旅游开发的资源基础，具体包括（　　）。
   A. 水井、菜坛等乡村生活用具
   B. 鸡、鸭、鹅、羊等禽畜
   C. 竹林、茶园、薰衣草等生态景观
   D. 水蜜桃、琵琶、龙虾、竹笋等田园作业对象

4. 美国樱桃冠冒险农场，依托各种农庄要素，为乡村旅游市场开发了很多有特色的旅游体验项目，深受游客欢迎。这些特色体验项目包括（　　）。
   A. 小鸡孵化　　　　　　　B. 稻草金字塔
   C. 玉米迷宫　　　　　　　D. 小猪赛跑

5. 西安奇迹农庄自 2021 年秋试营业后，就迅速占领周边周末亲子市场，被网友称为"户外周末遛娃宝藏地"。农场设计的（　　）等项目吸引了众多小朋友的参与。
   A. 烤红薯　　　　　　　　B. 制作一坛原野泡菜
   C. 农庄四轮观光车　　　　D. 古法手工口红

五、案例分析

扫描二维码，指出以下旅游体验项目策划方案的亮点与不足（至少各 1 处）。

技能四　旅游形象策划

学习目标

1. 能够分辨旅游者旅行决策的一般过程
2. 能够复述旅游形象的概念和特点
3. 能够解释旅游形象策划的内容
4. 能够运用旅游口号设计技巧
5. 能够运用标识设计技巧
6. 能够运用旅游叙事技巧
7. 能够设计形象推广相关作品

本章资源

学习内容思维导图

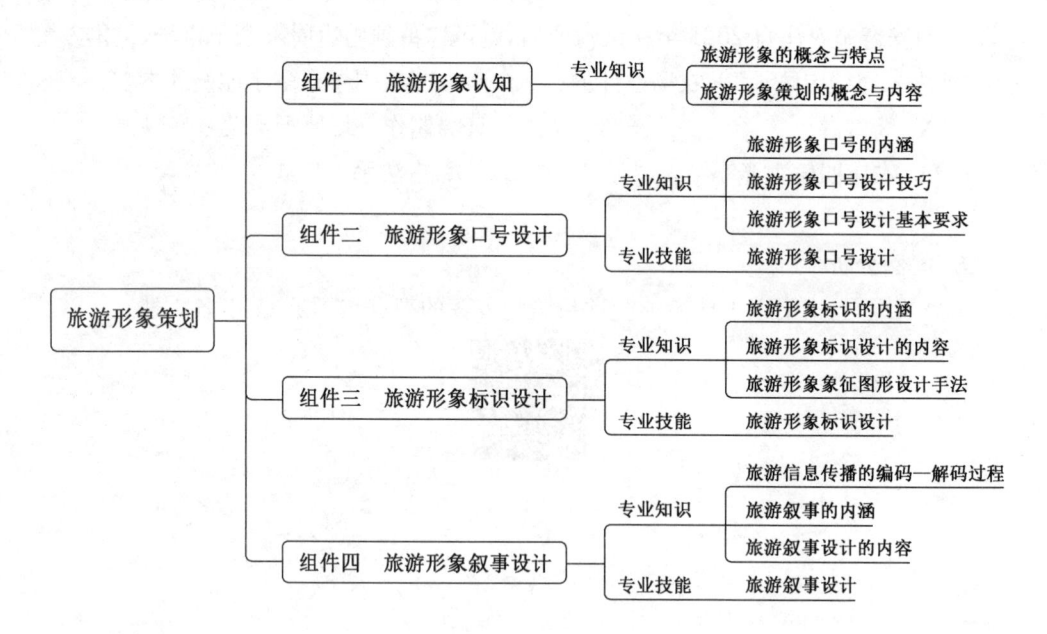

```
                                              ┌─ 专业知识 ─┬─ 旅游形象的概念与特点
                   ┌─ 组件一　旅游形象认知 ──┤            └─ 旅游形象策划的概念与内容
                   │                          
                   │                                      ┌─ 旅游形象口号的内涵
                   │                          ┌─ 专业知识 ┼─ 旅游形象口号设计技巧
                   ├─ 组件二　旅游形象口号设计┤            └─ 旅游形象口号设计基本要求
                   │                          └─ 专业技能 ── 旅游形象口号设计
  旅游形象策划 ────┤
                   │                                      ┌─ 旅游形象标识的内涵
                   │                          ┌─ 专业知识 ┼─ 旅游形象标识设计的内容
                   ├─ 组件三　旅游形象标识设计┤            └─ 旅游形象象征图形设计手法
                   │                          └─ 专业技能 ── 旅游形象标识设计
                   │
                   │                                      ┌─ 旅游信息传播的编码—解码过程
                   │                          ┌─ 专业知识 ┼─ 旅游叙事的内涵
                   └─ 组件四　旅游形象叙事设计┤            └─ 旅游叙事设计的内容
                                              └─ 专业技能 ── 旅游叙事设计
```

关键概念

1. 旅游形象　　　　2. 旅游形象策划　　　　3. 旅游形象口号
4. 旅游形象标识　　5. 旅游地形象象征图形　6. 旅游信息编码
7. 旅游信息解码　　8. 旅游叙事　　　　　　9. Logos-Pathos-Ethos 说服模型理论

组件一　旅游形象认知

一、旅游者的旅行决策

1.1　旅游者出行动机

推拉理论认为，人们做出出行决策主要受内在的推力和外在的拉力共同影响。旅游者出行的内在推力，主要包括逃离日常生活、出去增长见识、社交等多种动机；旅游者出行的外在拉力主要来源于旅游地的吸引力，如被某处的自然风光照片所吸引，或觉得某些旅游地有特别的意义等，想亲身前往体验。也就是说，旅游者出行动机受拉力作用，即受旅游目的地形象的影响。

1.2　旅行决策一般过程

大部分有经验的旅游者都是自由行旅游者，这类旅游者的旅行决策一般包含五个决定过程。

第一个决定：决定出去旅行，包括和谁一起出去，是否做出行攻略。

第二个决定：目的地决定，也就是想去哪里。

第三个决定：目的地承诺，也就是决定好了去哪里，这个决定不会轻易改变。

第四个决定：出行准备，包括哪一天出发，在一个地方停留几天，通过何种交通方式抵达等。

第五个决定：旅行期间的决定，包括在一个地方游览哪些景点，午餐在哪里就餐等。

在这五个决定过程中目的地决定和目的地承诺，通常会受到目的地形象推广的影响。

1.3　目的地决定和目的地承诺过程中的信息搜索

在目的地决策过程中，人们通常会在内心开展信息检索，当人们筹划远行之旅时，往往会不约而同地将目光投向新疆或云南；而一旦决定探访云南，丽江、大理等蜚声中外的旅游胜地便自然而然地成为首选目的地。这些信息通常是人们在以往接受教育或不经意间触碰到的旅游地形象推广材料等过程中而生成的。

在目的地承诺过程中,人们通常会开展外部信息检索来确定具体前往哪个旅游目的地。这类信息检索渠道可以分为两部分,一是不受旅游供应商控制的信息来源,二是受旅游供应商控制的信息。前者如旅游博客、社交软件等,很多出国旅行的年轻人喜欢通过小红书来开展自己的旅行攻略;后者如企业应用软件上的信息等,很多人会将这类信息称为"诱导信息",认为其具有广告和引导消费的性质,从而对这类信息采取谨慎的态度。

人们可能认为像小红书这样不受旅游供应商控制的信息来源是可靠的。但实际情况是,这类信息一般由用户生成,可能带有用户个人偏见;此外,很多用户生成内容的口号和文字介绍来源于旅游目的地形象推广中的原始材料,因此,这些用户无意识地开展了旅游地形象推广大使的工作。比如人们在小红书上搜索非洲旅游,可能会检索到"摩洛哥",然后继续检索"摩洛哥",可能会出现"撒哈拉""卡萨布兰卡"等信息,并可能还会出现"白色——卡萨布兰卡""红色——马拉喀什""蓝色——舍夫沙万""黄色——菲斯古城""金色——撒哈拉沙漠"等信息,这些信息通常并非用户自我生成,而是用户对摩洛哥形象推广原始素材的"搬运"。再配合一些精美的"颜色"主题城市照片,就很容易给游客留下深刻的旅游目的地印象,甚至直接激发游客的出游动机。因此,旅游形象在很多场合影响旅游者的决策。

二、旅游形象的概念与特征

2.1　旅游形象的概念

旅游形象是指旅游者、潜在旅游者对旅游目的地的总体认识、评价,是旅游目的地、旅游企业在旅游者、潜在旅游者头脑中的总体印象。现实消费者对旅游地的印象主要受实地旅行感知的影响,潜在消费者对旅游地的印象则常常受到旅游形象推广素材的影响,如口号、名称、景观照片、旅行故事等。

旅游形象是旅游目的地和旅游企业的无形资产,也是旅游地和旅游企业形成竞争优势极有利的工具。个性鲜明、引人入胜的旅游形象,配合高质量的旅游产品,可以帮助旅游地在旅游市场上较长时间地占据垄断地位。

浙江——诗画江南,山水浙江;新疆——新疆是个好地方;阿曼——美有具体地址（Oman—Beauty Has an Address）；法罗群岛——未受破坏、未开发、难以置信（Faroe Islands—Unspoiled，Unexplored，Unbelievable），近年来国内外旅游形象推广铺天盖地。几乎每一个国家、旅游城市和旅游接待地都有自己的宣传口号。如今的旅游发展早已过了"好酒不怕巷子深"的时代，旅游地和旅游企业形象推广成为现代旅游开发的重要环节。

2.2 旅游形象的特点

2.2.1 综合性

旅游形象具有内容的多层次性和游客心理感受的多层次性。一方面旅游形象的内容及感知要素非常丰富，既包括有形的产品质量，又包括无形的服务水平，还包括旅游地的环境，如气候、交通等。另一方面，形象感知的受众心理存在多层次性。受每个游客的文化背景、旅游信息的获取方式与充分程度、旅游经历与旅游偏好等众多因素影响，每个游客会对同一旅游目的地产生不同的感知认识。但是，对旅游形象策划者来说，抓住人们对旅游区认识的共性以及旅游地最优质的资源基础策划出一个既能够反映旅游地最典型的要素又对广大市场具有普遍吸引力的形象才是最重要的。

2.2.2 稳定性

旅游地形象一旦形成，便会在旅游者心目中产生印象，一般来说这种形象相对稳定。其实质是旅游地的某种独特的资源景观或文化内涵受到旅游市场的普遍认可。只要这种物质基础或文化基础相对稳定，则该旅游地在旅游市场上的形象内容的保持也会相对稳定。

2.2.3 可塑性

旅游地形象相对稳定，但不是一成不变。旅游地形象的改变是一个缓慢的、渐进的过程。

旅游地的促销、宣传、公关活动等有助于旅游者形成对该地的"诱导形象"。由于旅游产品具有预先销售的特性，提前筛选并传递旅游地信息，能够有效引导潜在游客进行选择，尤其是对于新兴旅游目的地而言，这种信息的传播与引导的作用更为显著。旅游地形象的可塑性表明，必须高度重视和科学塑造旅游地形象，重视正面和积极形象的树立，同时重新塑造旧有的、过时的形象以及负面的形象。

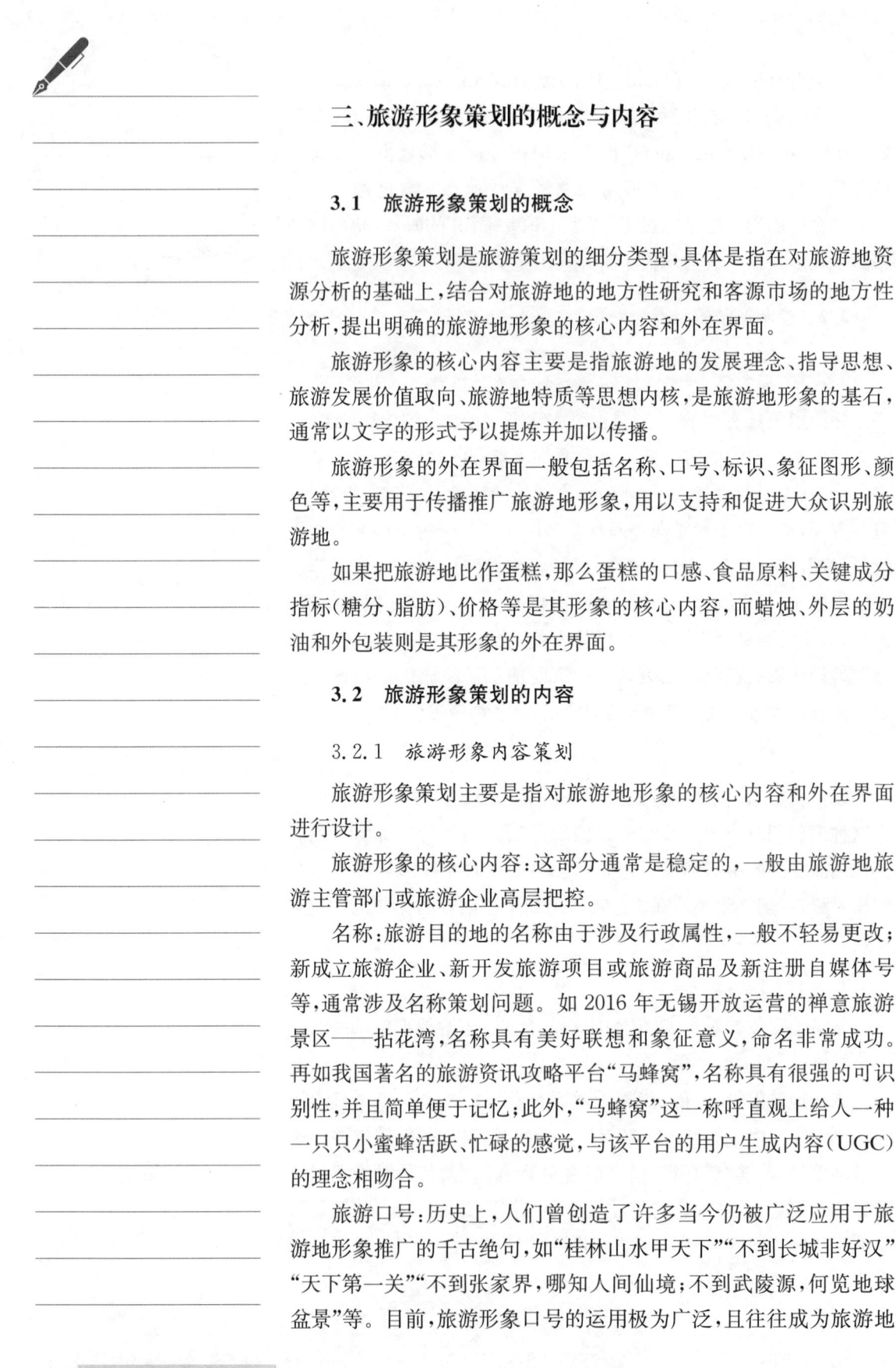

三、旅游形象策划的概念与内容

3.1 旅游形象策划的概念

旅游形象策划是旅游策划的细分类型,具体是指在对旅游地资源分析的基础上,结合对旅游地的地方性研究和客源市场的地方性分析,提出明确的旅游地形象的核心内容和外在界面。

旅游形象的核心内容主要是指旅游地的发展理念、指导思想、旅游发展价值取向、旅游地特质等思想内核,是旅游地形象的基石,通常以文字的形式予以提炼并加以传播。

旅游形象的外在界面一般包括名称、口号、标识、象征图形、颜色等,主要用于传播推广旅游地形象,用以支持和促进大众识别旅游地。

如果把旅游地比作蛋糕,那么蛋糕的口感、食品原料、关键成分指标(糖分、脂肪)、价格等是其形象的核心内容,而蜡烛、外层的奶油和外包装则是其形象的外在界面。

3.2 旅游形象策划的内容

3.2.1 旅游形象内容策划

旅游形象策划主要是指对旅游地形象的核心内容和外在界面进行设计。

旅游形象的核心内容:这部分通常是稳定的,一般由旅游地旅游主管部门或旅游企业高层把控。

名称:旅游目的地的名称由于涉及行政属性,一般不轻易更改;新成立旅游企业、新开发旅游项目或旅游商品及新注册自媒体号等,通常涉及名称策划问题。如2016年无锡开放运营的禅意旅游景区——拈花湾,名称具有美好联想和象征意义,命名非常成功。再如我国著名的旅游资讯攻略平台"马蜂窝",名称具有很强的可识别性,并且简单便于记忆;此外,"马蜂窝"这一称呼直观上给人一种一只只小蜜蜂活跃、忙碌的感觉,与该平台的用户生成内容(UGC)的理念相吻合。

旅游口号:历史上,人们曾创造了许多当今仍被广泛应用于旅游地形象推广的千古绝句,如"桂林山水甲天下""不到长城非好汉""天下第一关""不到张家界,哪知人间仙境;不到武陵源,何览地球盆景"等。目前,旅游形象口号的运用极为广泛,且往往成为旅游地形象推广的开路先锋。

旅游标识:一种图像或视觉标志、一种设计元素,一般具有视觉美感或艺术美感,用于传达旅游地美感,并促进大众识别旅游地。部分旅游标识通过工商注册,成为商标的一部分。

此外,首页横幅等也是旅游地形象外在界面的一种形式。首页横幅一般位于官网页面的顶部或显眼的位置,通常是网络媒体环境中的视觉焦点,是旅游地吸引用户注意、开展形象推广的一个界面。

3.2.2 旅游形象推广的媒体策划

信息时代的到来使媒体形式发生重大变化,线上媒体成为主流,新媒体形式不断扩容。千禧年前后,搜狐、新浪、天涯论坛等网络新媒体开始出现并迅速发展壮大。2009年新浪微博推出,2011年苹果4S智能手机发布,2012年微信推出,促进了移动网络社交和自媒体迅猛发展。2013年快手和微视推出了短视频业务,2016—2018年,抖音短视频和直播业务先后上线,中国逐渐进入网络视频新媒体时代。

如今,主流媒体、社交媒体、移动场景、互动传播成为当下新媒体传播的新特点。每一种新媒体都有自己的传播属性特点,每一家主流媒体都有庞大的注册用户群体。旅游形象推广的媒体策划,指的是围绕旅游形象推广所展开的一系列策划工作,涵盖媒体选择、媒体整合以及自媒体运营等方面的统筹规划。核心思想是融媒体策划或全媒体策划,综合分析新媒体和传统媒体、线上媒体和线下媒体、官媒体和自媒体、图文媒体和视频媒体等之间的利弊,融合各种媒体之长,综合运用多渠道、多平台开展宣传,优势互补、扬优去劣,使形象推广和传播达到"1+1>2"的效果。

组件二 旅游形象口号设计

一、旅游形象口号的内涵

旅游形象口号是旅游地形象创意构思的语言文字化表现,一般以旅游地所处的自然、社会环境为背景,以其赋存的景观资源为基础,将旅游地最具吸引力优势的特征加以高度抽象并提炼出一句琅琅上口、便于记忆的话语。

以下列举了长三角主要旅游城市的旅游宣传口号。
- 上海——精彩每一天
- 南京——博爱之都
- 苏州——人间天堂,苏州之旅
- 无锡——无锡是个好地方
- 常州——中华龙城
- 南通——追江赶海到南通
- 常熟——世上湖山,天下常熟
- 杭州——爱情之都,天堂城市
- 宁波——东方商埠,时尚水都
- 绍兴——魅力绍兴,人杰地灵

二、旅游形象口号的表达

旅游形象口号从表达形式基本可分为描述性和抒情性两大类。
描述性旅游形象口号重在提炼和描述旅游地的特色资源与文化,通过对核心要素的高度概括,让游客仅凭一句口号就能直观感知其独特魅力。描述性旅游形象口号的设计和应用在我国旅游地及景区应用非常普遍。
- 宁波——书藏古今,港通天下
- 南京——博爱之都

抒情类旅游形象口号的表达撇开了一切与表达旅游地相联系的具体要素,而是重在对旅游心情、感受的描述,以独特的意境让人过目(耳)不忘,浮想联翩。近年来很多成功的旅游地形象口号都采用了抒情类旅游形象口号。
- 婺源——中国最美丽的乡村
- 庐山——庐山天下恋
- 乌镇——乌镇,来过便不曾离开
- 丽江假期——深呼吸一次……足足回味一辈子

三、旅游形象口号设计的前期调查

旅游形象调查是旅游地形象设计的基础。旅游形象调查的主要内容包括旅游资源本底形象调查和旅游市场感知形象调查。

3.1 资源本底形象调查

旅游地资源本底形象是在旅游发展过程中,受历史、地理、文化等因素共同作用而逐渐形成的,构成了人们对一个旅游地最基本、最整体的认识。由于这些认识没有经过刻意加工,还停留在原始、繁杂的状态,因此,旅游地本底形象调查就是通过调查将旅游地最具特色和代表性的要素加以归纳。如通过调查,福州市旅游本底形象可以被归纳为以下要素:山、海、榕、泉、乔,这些本底形象很好地将福州这个闽越之地的旅游资源基本属性刻画出来了。

很多地方的旅游形象口号都是在当地资源的基础上孕育出来的。

基于自然环境及自然旅游资源的旅游形象口号:
- 拉萨——日光之城
- 东北——白山黑水
- 江浙沪——江南水乡

基于历史文化民俗等人文资源的旅游形象口号:
- 南京——博爱之都
- 杭州——爱情之都
- 成都——美食之都
- 拉萨——信仰之城

3.2 市场感知印象调查

旅游市场感知印象是地方旅游业发展过程中不同细分市场对旅游地的感知印象。随着中国游客从传统观光游向休闲度假游转变,杭州、扬州、成都、青岛、三亚等城市凭借气候宜人、适合慢生活、逛吃体验、发呆放松等休闲属性,在游客心中形成了鲜明的度假印象。因此,这些城市纷纷将"休闲之都"作为旅游定位和宣传口号。

四、旅游形象口号设计的常用技巧

4.1 领先优势法

领先优势法一般适合资源或产品极具有特色的旅游地。桂林山水甲天下;天下第一山——湖南张家界;天下第一楼——黄鹤楼;

中国最美乡村——婆源；无锡最美的乡村——山联村。这些宣传口号都采用了领先优势法。

领先优势法，可将旅游地最具特色的特征表达出来，从而在短时间内获得消费者的心理认可。

4.2　比附定位法

比附定位法适合资源或产品与旅游产业中已有的知名品牌类似，但自身知名度较低的旅游地。塞上小江南——宁夏；中国小西藏——甘肃甘南藏族自治州；江南小九寨——浙江牛头山；加勒比海中的夏威夷——牙买加。这些宣传口号都采用了比附定位法。

实践证明，与原有处于领先地位的第一品牌进行正面竞争往往非常困难，因此，比附定位避开与已有品牌正面竞争，而是借势已有品牌，在营销过程中让消费者在短暂接触中了解旅游地的特色并留下印象。

4.3　空隙定位法

旅游地形象定位在缺乏独特的领先优势时，还可运用空隙定位法进行形象定位，即选择旅游市场的空缺，树立自己的特色优势，做到人无我有。实施空隙定位的核心是根据旅游市场的竞争状况和景区自然条件，分析旅游者心目中已有的形象阶梯的类别，树立一个与众不同、从未有过的主题形象。如上海的"魔都"、浏阳的"烟花之都"、杭州的"宋韵"等。

4.4　重新定位法

旅游地有其生命周期和发展阶段，所以对于处于衰落期的旅游地来说，有必要进行旅游地形象的重新定位和新形象的传播，以使旅游地得到复兴。如20世纪末，深圳市旅游形象口号是"世纪新城，中华之窗"，在旅游形象展示和旅游产品促销中起了重要作用。而在2003年则推出了"精彩深圳，欢乐之都"的主题。"精彩深圳"强调了深圳在与其他旅游资源的比较中，自己展现的特色与优势；"欢乐之都"与"欢乐谷"等形象叠加，满足了人们的情感需求。

五、旅游形象口号设计的基本要求

5.1 内容源自地域

旅游口号的实质内容应该来自旅游地的地理文脉,体现地方特色。唯有充分挖掘和深刻分析旅游地的地域背景,发现和提炼地方性元素,并将其融入到旅游地形象口号中,才能使旅游形象口号避免过于空泛,使旅游形象口号能起到形象宣传和推广的作用。

5.2 表达针对游客

制定旅游形象口号必须以充分了解游客的心理需求和偏好为前提。游客与一般旅游消费者不同,旅游地的形象口号应体现旅游行业的特点,要使游客很轻松地认识到这是旅游地的形象口号,而不是其他产品的口号;同时旅游口号必须首先能打动旅游者,激发旅游者的购买欲望。旅游地的形象口号应强调美丽、独特、抒情、放松心灵等特质,从而更好地吸引游客。

5.3 语言紧扣时代

旅游形象口号在表述方面还要反映时代特征,要有时代气息,要能反映游客需求的热点、主流和趋势。当前,休闲度假、回归自然、康体疗养、漫游、品质游等都是国内城市旅游者追逐的旅游主题,也是旅游地旅游形象设计时可利用的时代特征。

5.4 形式借鉴广告

旅游形象口号应简洁有力、朗朗上口、易于传播,像优秀广告语一样凝练生动、富有感染力。旅游形象口号的创意设计要借鉴广告艺术,用浓缩的语言、精辟的文字、绝妙的组合构造一个有吸引力的旅游地形象。

组件三 旅游形象标识设计

一、旅游形象标识的内涵

旅游形象标识也即旅游形象 logo,简称旅游标识,指旅游地易于辨认且清晰明了的标志或商标,包括文字、图形、字母、数字及颜色等要素,以及各要素的组合。

旅游标识是旅游地形象的图形化表达,反映了旅游地形象的内核。人们在看到旅游地标识的同时,自然地产生联想,并对旅游地产生兴趣,萌发旅游的动机。统一明确的旅游地形象标识有利于促进旅游地形象的建设和推广。

二、旅游标识设计的内容

旅游标识设计主要包括标准字、标准色和旅游地形象象征图形3个方面的内容。

2.1 标准字

标准字是经过专门设计、规定使用的字体,主要作用是确保旅游地对外形象的一致性,无论在何种情况下,都统一运用该字体。标准字种类繁多,运用广泛,也是旅游地形象标志设计的主要内容之一。

标准字是旅游地形象识别中最基本的要素之一,往往与形象标志同时使用,出现频率很高,运用广泛。作为一种视觉符号,标准字也能表达丰富的内容。标准字的设计处理不但是信息传达的手段,也是一种构成视觉表现感染力不可缺少的要素。由于标准字本身具有说明,又具备标志的识别性。因此,合二为一的字体标识越来越受到重视。旅游标识的标准字的内容设计大多为旅游地名称和宣传口号。

2.2 标准色

色彩通过人的视觉,影响人们的感情及行动,包括感觉、认识、回忆、联想等,熟悉色彩的象征意义对于标准色的设计是十分重要的。

红色——辉煌、热情、青春

绿色——春天、成长、新鲜

蓝色——安祥、理智、科技

黄色——轻快、香甜、希望

橙色——健康、欢乐、明亮

紫色——高贵、优越、幽雅

白色——明亮、高雅、神圣

黑色——厚重、坚定、深思

灰色——雅致、含蓄、谦和、平凡、精致

标准色就是形象标志中运用相对固定的颜色或颜色组合。无论形象标志应用于何种环境，色彩的组合都具有一致性。标准色一般分单色标准色和混合标准色两种情况。单色标准色强烈、刺激，追求单纯、明了、简洁的艺术效果；混合标准色追求色彩搭配、对比的效果。标准色的主要作用是美观，以及具有一定的象征意义。标准色的设计应尽量简洁、明快，以最少的色彩表现出丰富的含义，以促进形象信息的准确快速传播。

2.3 旅游地象征图形

旅游地象征图形是指最能代表旅游地特征的某一图形，该图形既可以是某一旅游资源的直接展示，也可以是某些要素的抽象展示。

旅游标识设计中，旅游地象征图形的设计和展示是关键内容。旅游象征图形的设计手法主要包括图片展示法和抽象表达法。图片展示法将旅游地的某一个或几个独具特色的景观图片作为标识的象征图形，将旅游地最富魅力的旅游吸引物直接呈现给旅游者，使受众对该旅游地产生一种美好想象或向往。抽象表达法，是指将某一旅游相关自然形态或文化及民俗经过提炼，把形态的"神"紧紧抓住并加以强调，舍弃其具体真实的形态，从而达到对该形象的高度概括和升华，如图 4-1。

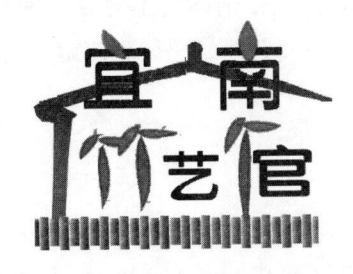

图 4-1 宜南竹艺馆标识设计初稿

在旅游形象推广中，标识设计和图片拍摄、处理可以由推广者团队中的艺术、摄影和 PS 技能人才设计，也可以委托专业团队设计。委托他人设计时，一般来说委托方需要对标识的文字、颜色和象征图形进行初步构思，然后由专业团队从艺术角度予以呈现。

三、旅游标识的作用

3.1 识别

旅游标识的首要作用是识别。品牌企业都非常注重商标的设计，并将商标广泛用于其电子产品、电动汽车、鞋子衣服等商品上，当这些商品在柜台陈列时，消费者可以根据品牌标识快速识别商品；此外，由于这些商品被消费时还具有户外可移动性，因此，品牌商可以通过消费者使用这些带有标识的商品达到二次宣传的目的。

旅游目的地产品比较复杂。尽管大部分旅游目的地的体验产品是不便陈列、不可移动的，如故宫的建筑、张家界的奇山、腾冲的温泉等，但这些旅游地普遍都有大量的工商注册类旅游企业和旅游商品类产品，旅游标识仍可以发挥重要的识别作用。

3.2 传达

旅游标识的第二个重要作用是传达。每一个旅游地都有其独特的旅游吸引力，尤其是景观类旅游目的地，因此，旅游地的图片展示能够直接吸引受众、激发受众的出行动机。

旅游标识不仅可以传达旅游地的独特景观，还能传达旅游地的独特理念。如山东省旅游标识中的标准字"好客""friendly"，向受众传达了好客山东和友好山东的待客之道；北京冬奥会吉祥物冰墩墩，甩了甩全身的积雪，无比可爱，瞬间圈粉无数。

旅游标识甚至可以传达旅游地的品牌观念和文化品位。杭州、乌镇等旅游地的标识，具有很强的艺术感和识别性，既向受众传达了旅游地地方特色，又容易让受众感受到旅游地的品牌观念和质量意识。

3.3 共创

密歇根州立大学，英文名称：Michigan State University，简称 MSU。该校的口号是"Go Green, Go White"；该校的标识是一个斯巴达(Spartan)勇士的头像,并被喷印在学校的各个角落。

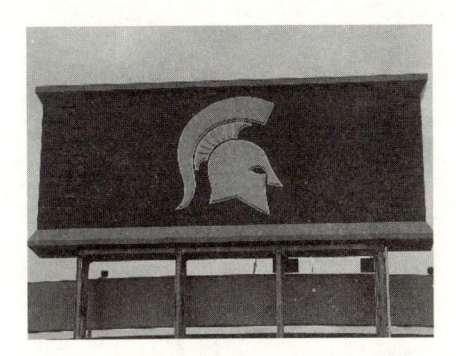

图 4-2 MSU 标识

MSU 的师生们对体育运动满怀热忱。每逢赛事,球迷们常常会在校园里组织盛大的集会庆祝活动。活动现场,大家身着超百款 MSU 主题运动文化衫,这些文化衫以白、绿为主色调,设计简约而醒目,白 T 搭配绿色图案,绿 T 则配上白色图案。图案样式丰富多样,有 MSU、"Spartan"等文字,也有象征着勇气与力量的勇士图像。不仅如此,现场还能看到不少以绿白为主打色的发卡、发箍,就连校园里维持治安的保安车,也被喷绘成了绿白色。整个校园沉浸在一片充满活力的绿白海洋之中,彰显着 MSU 独特的体育文化魅力。

上述案例清晰显示,受众能够以丰富多样的形式,参与到与标识和口号的互动中。这种互动意义非凡,一方面可推动标识和口号实现二次传播,进一步扩大其影响力;另一方面,让参与者在互动过程中,不断强化自身的身份认同,收获独一无二、难以忘怀的体验。

组件四 旅游形象叙事设计

一、大众接收旅游信息的过程

1.1 大众接收旅游信息的渠道

在互联网普及之前,人们主要依靠传统媒介和线下社交接收旅游信息,如电视、广播、报纸等。互联网和智能手机高度普及之后,

新媒体和线上社交逐渐成为大众接收旅游信息的主要渠道。

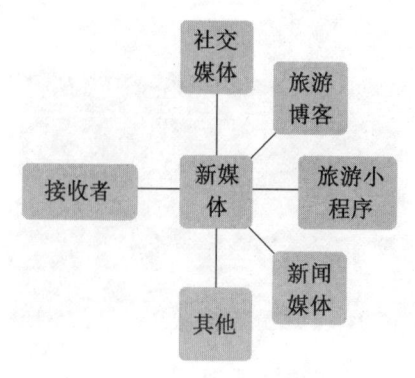

图 4-3　新媒体时代大众接收旅游信息的主要渠道

1.2　旅游信息传播的编码—解码过程

网络信息传播涉及信息发布和信息接收，过程非常复杂。传播学专家斯图亚特·霍尔（Stuart Hall）提出了信息传播的编码—解码理论，对旅游信息传播具有指导意义。

1.2.1　旅游信息的编码

旅游信息的发布者，如旅游文旅部门、旅游企业、其他旅游内容创作者，通过文字、图片、视频及其组合，编制并发布旅游信息，也即编码。在编码过程中，他们往往通过文字、图片和视频等来传达旅游地的特质和有吸引力信息，以塑造一个理想的旅游地形象。

1.2.2　旅游信息的解码

不同的受众——现实旅游者和潜在旅游者——在接受这些信息时，基于自己的文化背景、以往的生活经历，对接触的信息进行理解和解释，也即解码。不同的个体，对同样的信息会产生不同的解读。解码的第一步常常针对旅游信息的标题、关键词等，如果受众对信息标题感兴趣，则可能会主动点击标题，接收标题下面更多的旅游信息。因此，旅游新闻、推文、游记等的标题是否能激发受众的兴趣，是至关重要的。一般来说，情感性、揭秘性的信息，容易引发受众的兴趣、向往和好奇。"马蜂窝"小程序上有一篇关于长三角的游记，标题是"我本无意入江南，奈何江南入我心"，信息标题具有文学美感和情节悬念，其点击量远超其他同期长三角游记。类似的旅游广告类叙事副标题还有："在山和海之间徒步，每一步都是诗和远方"。

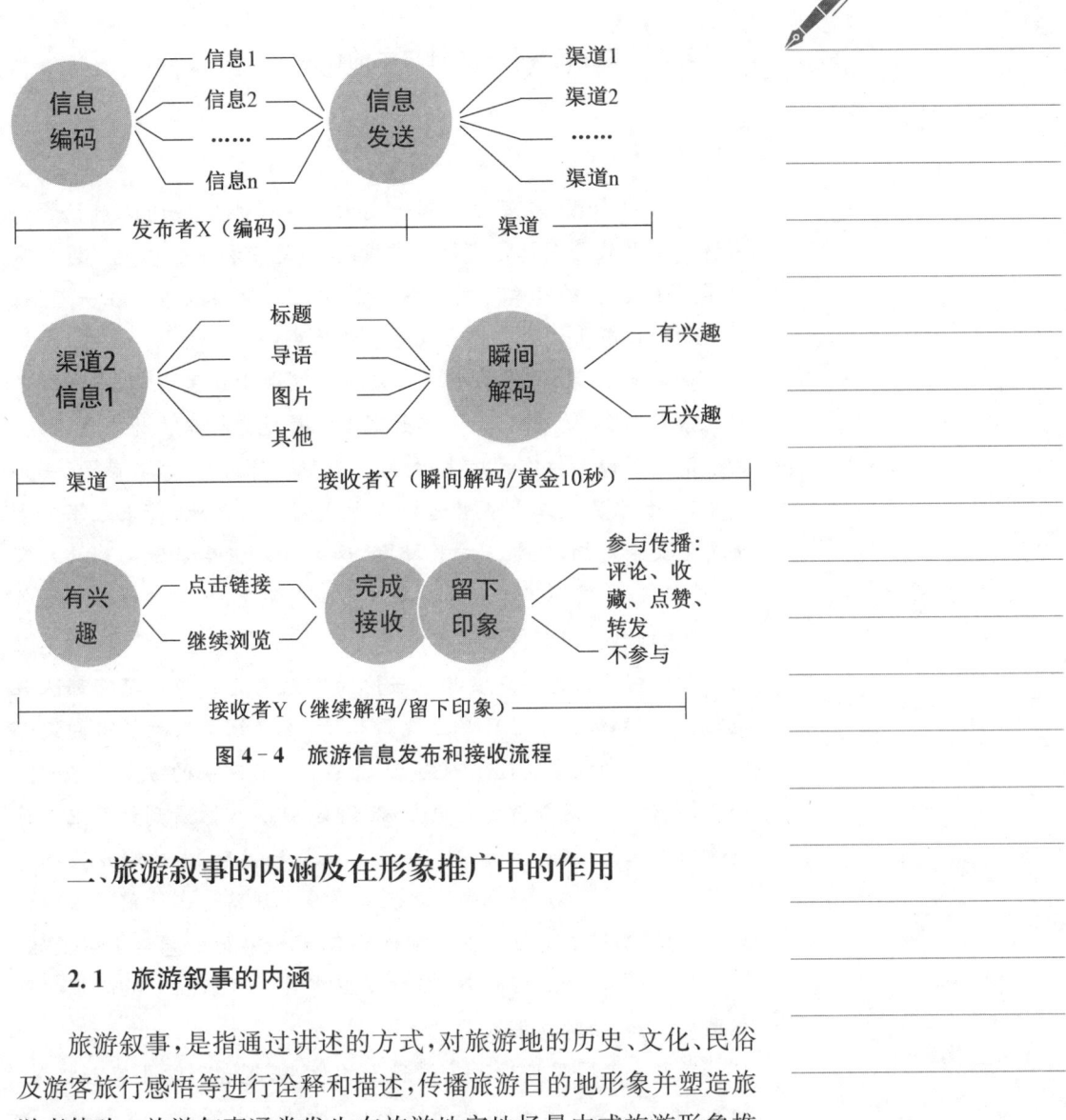

图 4-4　旅游信息发布和接收流程

二、旅游叙事的内涵及在形象推广中的作用

2.1　旅游叙事的内涵

旅游叙事，是指通过讲述的方式，对旅游地的历史、文化、民俗及游客旅行感悟等进行诠释和描述，传播旅游目的地形象并塑造旅游者体验。旅游叙事通常发生在旅游地实地场景中或旅游形象推广过程中，主要通过文字、语言、影像等多种方式展开，讲述旅游地故事，传递文化或价值思想，促进游客理解，吸引游客兴趣，激发游客认同。景区介绍牌、导游讲解、旅游地宣传短视频、旅游公众号推文、旅游地官网首页等都是旅游叙事的常见形式。旅游叙事内容上通常包括目的地的历史、故事、神话、传说及游客的经历、回忆、故事等。

2.2 旅游叙事在形象推广中的作用

【案例一】

2017年暑期,笔者曾带领一支大学生暑期实践团队前往贵州省遵义市开展暑期社会实践。实践期间,笔者和学生参观了遵义市红军烈士陵园,并有幸聆听了讲解员讲述的英雄故事。在一座"红军坟"前,讲解员讲述了烈士龙思泉的故事:

1935年1月,红军第一次占领遵义。由于缺医少药,当地许多村民疾病缠身、无钱医治,一名红军卫生员就走村串户为农民治病。由于解决了许多村民的病痛,村民们都把他称为"红军菩萨"。一天下午,一位农民从二十多里远的地方找到部队驻地,请求红军卫生员为他父亲看病,经部队首长批准,这名红军卫生员就来到病人家中,为其诊治,缓解了病人的病痛。第二天早上,当这名红军卫生员要归队的时候,门前聚满了前来求医问药的群众,见此情景,红军卫生员毅然留下来为群众看病。当他为群众看完病匆忙赶回部队驻地时,发现部队已于当日早上就离开了,这名红军卫生员当即沿部队离开的方向赶去。过了不久,从这名卫生员跑去的方向传来一阵枪声,几位村民沿枪声方向跑去,赶到桑木垭口时,看到红军卫生员胸膛中了三枪,躺在血泊中。红军卫生员牺牲后,当地群众为感恩他对村民们的帮助,将他的遗体埋葬在桑木垭路边山坡前的松树林里,因为不知道这名红军卫生员姓甚名谁,就在他的墓碑上刻了"红军坟"三个字,以此来缅怀这名红军卫生员。这名红军卫生员就是龙思泉,牺牲的时候年仅18岁。

在烈士陵园里聆听了多位烈士的故事,笔者和学生感触极深。期间,眼泪常常毫无预兆地夺眶而出,情绪久久不能恢复平静。活动结束后笔者在个人自媒体上留下一句感悟:前人历经百难,后人终享盛世。而遵义,也成了笔者心中不可磨灭的红色之城和英雄之城。

上述案例表明,旅游叙事可以将听众、观众、读者代入故事角色,增强文化理解和文化认同。

【案例二】

近些年来,哈尔滨冰雪旅游持续升温,并在2023—2024冬季呈火热之势。2023年9月前后,哈尔滨文旅部门推出了"我姓哈,喝阿哈""欢迎来北境""霍格沃茨哈尔滨分校"等符合年轻人喜好的形象推广方案,为新冰雪季做推广并积攒人气。

2023年12月,广西南宁某幼儿园的一群萌娃到哈尔滨的第一天就因为统一身穿橘红色的羽绒服和帽子,推着巨大的行李箱,队形统一,软萌可爱,在机场引起众人关注,迅速在网络走红。由于广西盛产砂糖橘,这些萌娃被网友戏称为"小砂糖橘"。"小砂糖橘"们在哈尔滨的后续行程在全网受到关注,并引发全网追更。之后,"云南小菌主""河南小豫米""四川小熊猫""南方小土豆"等来自全国各地的娃娃团纷纷勇闯哈尔滨,声势浩荡。这些小可爱们,成了故事的主角,在哈尔滨冰雪旅游背景下讲述了很多有意思的故事,吸引了众多网友的关注,从而使哈尔滨冰雪旅游形象得到有效推广。

上述案例表明,基于游客真实经历的旅游叙事,在旅游形象推广中起到重要作用。同时,旅游叙事中的"关键词"对于网络推广叙事来说非常重要,有趣的关键词能吸引网友注意力,简单易懂的关键词便于网友理解"搬运"。

三、旅游叙事设计

3.1 标题、关键词或其他形式的索引设计

在信息过载的现代社会,各种信息是否能够引起受众关注,受众的瞬时解码反应极为关键,这种瞬时解码常常在10秒内完成,传播领域和营销领域将其称为"黄金10秒"。标题、关键词、小视频的前6秒或其他形式的索引常常是受众接触各种网络资讯的第一步,其设计在形象推广中至关重要。

一般来说,旅游形象推广标题设计有两个基本原则:易于理解;激发受众的美好想象。2023年上半年,淄博烧烤火遍全网。其实早在2021年,B站up主的一段推广视频就获得了高点击量,标题——淄博大哥:"我保证:这烧烤你一看就想吃!"——通俗易懂、指向明确,吸引了很多人点击观看。马蜂窝上有一篇关于长三角的游记,标题是"我本无意入江南,奈何江南入我心",叙事标题的文学美感和情节悬念吸引了众多网友点击浏览。

标题中关键词的使用,也能有效引发受众的关注。2021年2月27日,"月球样品001号·见证中华飞天梦"展览开幕式在中国国家博物馆举行,相关媒体开展了大量的报道,如:

- 月球样品 001 号国博展出，公众观展热情高涨——中国国家博物馆(2021-02-27)
- 在国博与"月壤"面对面——中国新闻网(2021-02-27)
- 月壤到底有何珍贵价值？说一说这稀有的"无价之土"——中国数字科技馆(2021-03-29)

以上三项均是月球样品国博展的旅游宣传报道的标题。三篇标题各有特点。关键词"001号"传达了"第一次""第一个"的概念，很容易引起读者的关注。"月壤"很容易让读者联想到地球土壤，并产生与地球土壤有什么不一样的疑问。"月壤到底有何珍贵价值"，这是一种以问句的形式组织标题的策略，是一种能有效吸引读者注意力的策略。

3.2 版式设计

版式如衣品。好的排版，可以给受众带来好的阅读、观看体验。

3.2.1 图文叙事的排版设计

通过排版设计，可以有效引导读者的注意力。合理运用字体颜色、大小，能够创造清晰的视觉层次，这种清晰的层次结构不仅提升了可读性，还能使图表信息更加直观易懂，从而帮助读者更轻松地理解数据、空间关系等复杂信息。

3.2.2 视频的版式设计

观众对视频的基本诉求是足够清晰、足够流畅。视频画质的优劣直接影响着观众的观看体验，分辨率是衡量视频画质的一个重要指标。高清画质(HD)是当前主流的视频标准之一，指分辨率为720p以上的视频质量。

色彩在视觉上能够对观众产生直接的情感反应，不同的颜色会引起观众不同的情绪体验。一般来说，红、黄、橙等暖色调使观众产生喜悦、欢乐、温暖和活力等情绪，蓝、绿、紫等冷色调使观众产生冷静、安心或者悲伤、紧张等情绪；对比色可以营造强烈的视觉冲击，并可以突出画面中的某些重要物体。各种旅游形象宣传视频宜使用明亮、鲜艳、柔和、淡雅的色彩。

此外，字幕有助于观众理解视频内容，配乐可以引导观众的情绪，视频互动、弹幕可以提升观众的参与度和满意度。

3.3 脚本设计

著名哲学家亚里士多德在《雄辩的艺术》中,提出了一个著名的说服模式理论。该理论认为,Logos-Pathos-Ethos 是人们说服他人接受自己思想的三种主要方式。Logos、Pathos 和 Ethos 是希腊语,Logos = Logic,也即逻辑,Pathos = Emotion,也即情感,Ethos = Credibility,也即信用。

3.3.1 叙事逻辑

在形象叙事中,逻辑可以让叙事更加清晰,更容易被受众理解和记忆。旅游形象推广中,叙事可以遵循多种逻辑,如时间顺序逻辑、地点顺序逻辑、并列逻辑、递进逻辑、经典三段式结构(引入、发展、结尾)等。例如,许多游记采用线性叙事方式,按照时间顺序展开——从旅途的开端到结束,或是从出发前的动机、旅程中的经历到归来后的回忆。这种叙事结构清晰明了,使读者能够轻松跟随故事的发展脉络。

3.3.2 叙事情感

在形象叙事中,通过对情感故事或叙事中所涉及人物的形象、性格特征、人物经历等设计,有助于建立旅游地或受众之间的情感联系,从而增强叙事的说服力。

情感共鸣理论认为,故事可以引发观众和读者的情感共鸣。浪漫或有趣的情感主题故事,不仅可以吸引读者和观众阅读和观看,还可以激发他们对浪漫或有趣等情感的想象,从而激发其旅游动机。

3.3.3 叙事信用

在形象叙事中,要重视叙事者的信用。一般来说,在网络信息传播中,受众更相信无利益相关方的信息,如普通用户生成内容,也即 UGC(User-Generated Content),而倾向于认为来自旅游产品供应商的信息是"诱导信息"。

无利益相关者的真实经历或弱利益相关者的真实经历,更容易获得读者或观众的认同,并引发读者或观众的共鸣。如"大学生组团去淄博吃烧烤""坐高铁去淄博撸串"等相关叙事更容易引起网络传播和推广。

3.4 文案设计

旅游叙事应重视文字的力量。文字的艺术,也即文学,是人们情感表达和情感传递的一种重要方式。在旅游形象推广中,口号、关键词等文字设计可以由推广者团队自行提炼,也可以请专家设计。而日常性的形象推广文案,则需要推广者团队自行设计,需要设计者具有较好的文案功底。

材料阅读

同样是碳,成为钻石坚不可摧,
装点指尖的璀璨星河
若是煤矿燃烧自己,点亮城市的万家灯火
同样是土,身在田园滋润五谷,守护人类生息。
身在窑炉历经烈火,凝结华夏文明。
山西贯穿古今,生生不息
黄河顺势流过推进着文明演变
浸润着春秋晋国的霸主魄力。
太行山耸立东方,注视着石壁上的岁月浮沉
见证了北魏年间的交融印记。
黄土地上这里的生活温暖质朴,这里的生命勤劳心细。
虽一口陈醋醇爽滋味沁入心脾,口中尽是家乡余味。
寻一缕酒香,杏花村中清香扑鼻,
心中愁绪了无踪迹,阳光把明媚的笑脸献给了小米,
这一碗金黄是山西人的暖意。
小麦在黄土地上谦逊有礼,弯一弯腰,
下一秒便是山西人的"面中天地"。
我们见过太多的钢筋水泥,
也时而奔向海边,寻找一丝浪漫或惬意。
但今天啊,我想与你一起回到过去,
回到华夏文明最深的记忆里。

课后练习

一、判断

1. 大部分旅游者的旅行决策一般包含五个过程：决定出去旅行——目的地承诺——目的地决定——出行准备——旅行期间的决定。（　　）

2. 传播学专家斯图亚特·霍尔提出了信息传播的编码—解码理论，对旅游信息传播具有指导意义。（　　）

3. 在信息过载的现代社会，各种信息是否能够引起受众关注，受众的瞬时解码反应极为关键，这种瞬时解码常常在 60 秒内完成，传播领域和营销领域将其称为"黄金60 秒"。（　　）

4. 著名哲学家亚里士多德提出了一个著名的说服模式理论，即 Logos-Pathos-Ethos 说服模型理论，是人们说服他人接受自己思想的三种主要方式，包括逻辑、情感和信用。（　　）

二、填空

1. ＿＿＿＿＿＿是指旅游者、潜在旅游者对旅游目的地的总体认识、评价，是旅游目的地、旅游企业在旅游者、潜在旅游者头脑中的总体印象。

2. ＿＿＿＿＿＿是旅游地形象创意构思的语言文字化表现。它一般以旅游地所处的自然、社会环境为背景，以其赋存的景观资源为基础，将旅游地最具吸引力优势的特征加以高度抽象并提炼出一句朗朗上口、便于记忆的话语。

3. ＿＿＿＿＿＿即旅游形象 logo，指旅游地易于辨认且清晰明了的标志或商标，包括文字、图形、字母、数字及颜色等要素，以及各要素的组合；是旅游地形象的图形化表达，反映了旅游地形象的内核。

4. ＿＿＿＿＿＿是指通过讲述的方式，对旅游地的历史、文化、民俗及游客旅行感悟等进行诠释和描述，传播旅游目的地形象并塑造旅游者体验，通常发生在旅游地实地场景中或旅游形象推广过程中，主要通过文字、语言、影像等多种方式展开，讲述旅游地故事，传递文化或价值思想，促进游客理解，吸引游客兴趣，激发游客认同。

三、单选

1.（　　）是旅游策划的细分类型，具体是指在旅游地资源分析的基础上，结合对旅游地的地方性研究和客源市场的地方性分析，提出明确的旅游地形象的核心内容和外在界面。

A. 旅游活动策划 B. 旅游产品策划
C. 旅游形象策划 D. 旅游商品策划

2. 天下第一山——湖南张家界,天下第一楼——黄鹤楼,该类旅游形象口号设计的方法是( )。

A. 领先优势法 B. 比附定位法 C. 空隙定位法 D. 重新定位法

3. 塞上小江南——宁夏,江南小九寨——牛头山,该类旅游形象口号设计的方法是( )。

A. 领先优势法 B. 比附定位法 C. 空隙定位法 D. 重新定位法

四、多选

1. 旅游形象的特点包括( )。

A. 突发性 B. 综合性 C. 稳定性 D. 可塑性

2. 旅游形象标识设计主要包括( )等方面的设计。

A. 标准字 B. 标准色
C. 旅游叙事 D. 旅游地形象象征图形

3. 旅游地形象标识设计中,旅游地象征图形的设计和展示是关键内容。旅游象征图形的设计手法主要包括( )。

A. 文字展示法 B. 直接展示法
C. 间接表现法 D. 抽象表达法

五、案例分析

扫描二维码,指出以下旅游微信推文的亮点与不足(至少各1处)。

附 录

附1 旅游节事策划实训手册

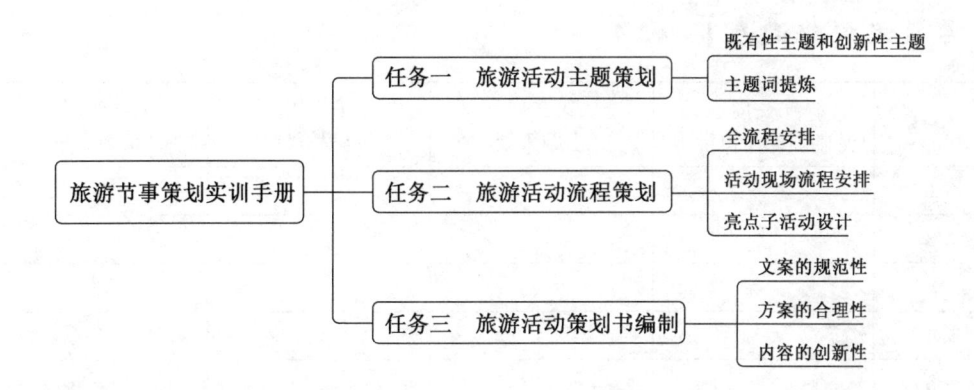

```
                                                      ┌─ 既有性主题和创新性主题
                          ┌─ 任务一  旅游活动主题策划 ─┤
                          │                           └─ 主题词提炼
                          │
                          │                           ┌─ 全流程安排
旅游节事策划实训手册 ─────┼─ 任务二  旅游活动流程策划 ─┼─ 活动现场流程安排
                          │                           └─ 亮点子活动设计
                          │
                          │                           ┌─ 文案的规范性
                          └─ 任务三  旅游活动策划书编制 ┼─ 方案的合理性
                                                      └─ 内容的创新性
```

【实训情景】

　　学院计划于4月举办大学生旅游节活动,以学院所在职教园区大学生为目标市场,增进大学生对本市旅游的了解,激发大学生旅游热情,为大学生闲暇时间旅游休闲提供更多选择。请结合上述情景,为大学生旅游节策划一个子活动,要求该子活动对大学生具有旅游吸引力,同时要具有合理性和可操作性。

【实训目的】

1. 了解旅游活动的类型和特点
2. 掌握旅游活动策划的主要内容
3. 能够编制旅游活动策划书

【实训条件】

　　电脑、网络

【实训内容】

　　任务一　旅游活动主题策划(课上+课下)

任务二　旅游活动流程策划(课上＋课下)

任务三　旅游活动策划书编制(课上＋课下)

【实训步骤】

1. 学生自学主要知识点,老师抽查
2. 学生分组开展旅游活动主题创意构思,老师指导
3. 学生分组开展旅游活动内容和流程的创意构思,老师指导
4. 学生分组撰写旅游活动策划书,老师指导

【实训记录推进表】

组号	第一周 (基础理论知识学习)	第二周 (主题策划)	第三周 (流程策划)	第四周 (策划文案)
1				
2				
3				
4				
5				
6				

注:关键词摘录和是否已完成

【评分指南】

1. 文案格式是否规范、条理是否清晰、内容是否完整
2. 汇报者仪态是否大方、声音是否响亮、内容是否流畅、是否便于听众理解
3. 主题是否有创新、流程安排是否合理、主要活动环节是否有吸引力

任务一　旅游活动主题策划

一、任务目的

能在学习的基础上,了解旅游活动主题的重要性,在此基础上策划旅游活动的主题。

二、任务材料与器具

电脑、网络

三、任务步骤

1. 学生自学旅游活动主题的类型,老师抽查(课上＋课下)
2. 学生分小组开展大学生旅游节子活动的主题创意构思,老师指导(课上＋课下)
3. 学生分享本组的创意或亮点,老师指导(课上＋课下)

四、实训考核要点

1. 主题的创新性
2. 主题的可操作性
3. 是否有提炼主题词

五、任务结论

1. 旅游活动的主题包括既有性主题和创新性主题;
2. 旅游活动主题应体现活动特色,并与活动内容彼此契合;
3. 旅游活动的主题与活动的时间、地点等要相适应。

任务二　旅游活动流程策划

一、任务目的

能在学习的基础上,了解旅游活动流程的重要性,在此基础上策划旅游活动的流程。

二、任务材料与器具

电脑、网络

三、任务步骤

1. 学生自学旅游活动的一般流程,老师抽查(课上+课下)
2. 学生分小组策划大学生旅游节子活动的流程,老师指导(课上+课下)
3. 学生分组分享本组的创意构思,老师指导(课上+课下)

四、实训考核要点

1. 流程的完整性
2. 流程的合理性
3. 主要活动环节的亮点和吸引力

五、任务结论

1. 游客对旅游活动的体验过程决定了旅游活动质量。
2. 旅游活动流程应与旅游活动主题相呼应。
3. 旅游活动流程策划内容上应注意创新、流程上应当有序。

任务三 旅游活动策划书编制

一、任务目的

能在学习的基础上,结合前面两个任务的创意构思,编制旅游活动策划书。

二、任务材料与器具

电脑、网络

三、任务步骤

1. 学生自学旅游活动策划书的主要内容和格式规范,老师抽查(课上+课下)
2. 学生分组编写旅游活动策划书,老师指导(课上+课下)
3. 学生分组汇报旅游活动策划方案,老师指导(课上+课下)

四、实训考核要点

1. 策划书内容的完整性
2. 策划书格式的规范性
3. 策划书的重点内容是否清晰明确

五、任务结论

1. 旅游活动策划的主要内容包括:活动背景与目的、活动时间、活动地点、活动主题、活动流程、活动经费预算等
2. 旅游活动策划书的格式规范要求:标题字体统一、正文字体统一、首段空2行等。

附2　旅游体验项目策划实训手册

```
                                        ┌── 乡村旅游的资源基础
                   ┌─ 任务一 休闲农业创新旅游体验项目调查 ─┤
                   │                    └── 休闲农庄的"他山之石"
                   │
                   │                    ┌── 旅游体验项目策划原则
旅游体验项目策划实训手册 ─┼─ 任务二 休闲农业旅游产品创意构思 ─┤
                   │                    └── 创意构思方法
                   │
                   │                    ┌── 项目的创新性
                   └─ 任务三 旅游产品策划方案编制 ─────┼── 项目的可行性
                                        └── 方案的规范性
```

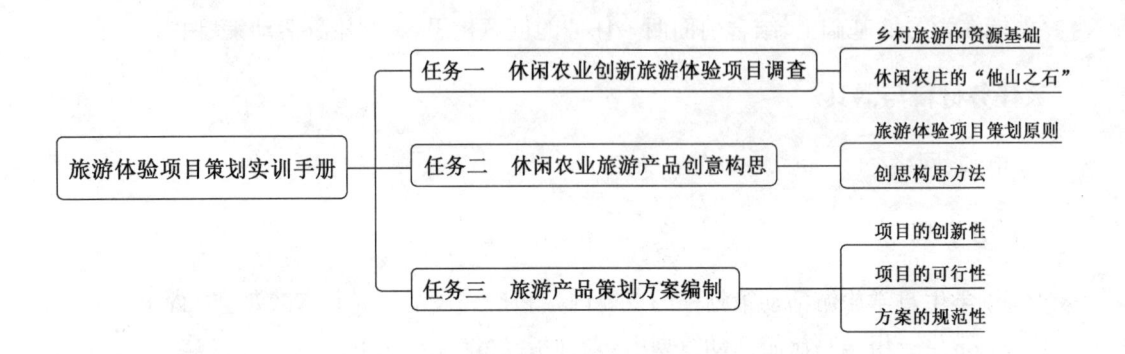

【实训情景】

以国内某一农庄/农场为载体，广泛借鉴国内外经验，构思并设计以休闲市场、亲子市场或研学市场为目标市场的旅游体验项目，完成一份农庄/农场旅游体验项目策划书。

【实训目的】

1. 了解旅游项目的体验性特征
2. 掌握旅游体验项目策划的原则
3. 能够编制旅游体验项目策划文案

【实训条件】

电脑、网络

【实训内容】

任务一　休闲农业创新旅游体验项目调查（课上＋课下）
任务二　休闲农业旅游产品创意构思（课上＋课下）
任务三　旅游产品策划文案编制（课上＋课下）

【实训步骤】

1. 学生自学相关理论基础知识，老师抽查

2. 学生分小组开展休闲农庄创新旅游体验项目调查,老师指导

3. 学生分小组开展旅游体验项目的创意构思,老师指导

4. 学生分小组撰写旅游体验项目策划书,老师指导

【实训记录推进表】

	第一周 (基础理论知识学习)	第二周 (农庄热点体验项目调查)	第三周 (农庄体验项目创意构思)	第四周 (策划文案)
第一组				
第二组				
第三组				
第四组				
第五组				
第六组				

注:关键词摘录和是否已经完成

【评分指南】

1. 文案格式是否规范、条理是否清晰、内容是否完整

2. 汇报者仪态是否大方、声音是否响亮、内容是否流畅、是否便于听众理解

3. 目标市场是否明确、项目体验性特征是否阐述清楚、是否有宏观体验或微观体验创新设计

任务一　休闲农业创新旅游体验项目调查

一、任务目的

能在学习的基础上,了解休闲农业旅游的内涵、特点,在此基础上调查我国休闲农业体验的热点项目。

二、任务材料与器具

电脑、网络

三、任务步骤

1. 学生自学休闲农业的内涵与特点,老师抽查(课上+课下)
2. 学生分小组开展休闲农业热点体验项目调查(课下)
3. 同学分组分享调查结果,老师分享自己观点(课上)

四、任务结论

1. 休闲农业是乡村旅游的重要形式
2. 休闲农业产品策划的资源基础是乡村性资源
3. 休闲农业产品策划以临近都市游客为目标市场

任务二 休闲农业旅游产品创意构思

一、任务目的

能在学习的基础上,了解休闲农业旅游资源的特点,在此基础上开展旅游产品策划的创意构思。

二、任务材料与器具

电脑、网络

三、任务步骤

1. 学生自学旅游产品的体验性特征和旅游产品策划的基本原则,老师抽查(课上+课下)
2. 同学分组开展休闲农庄的旅游产品创意构思(课下)
3. 同学分组分享本组的创意构思,老师指导(课上)

四、任务结论

1. 旅游产品的体验性特征;旅游业是典型的体验经济。
2. 旅游产品策划的原则:以资源为基础、以市场为导向、以特色为根本、以效益为目标。
3. 休闲农业的旅游资源基础:能够为休闲农业所开发利用的一切具有乡村性的资源。

任务三　旅游产品策划文案编制

一、任务目的

能在学习的基础上,结合前面两个任务的创意构思,编制旅游产品策划文案并汇报交流。

二、任务材料与器具

电脑、网络

三、任务步骤

1. 学生自学旅游产品策划文案的主要内容和格式规范,老师抽查(课上+课下)
2. 学生分组编写旅游产品策划文案,老师指导(课上+课下)
3. 学生分组汇报旅游产品策划文案,老师指导(课上+课下)

四、任务结论

1. 休闲农业旅游产品策划的要点:以资源为基础、以市场为导向、注重体验
2. 旅游产品策划汇报交流的要点:新手要提前准备、撰写交流提纲或讲稿

附3　旅游形象策划实训手册

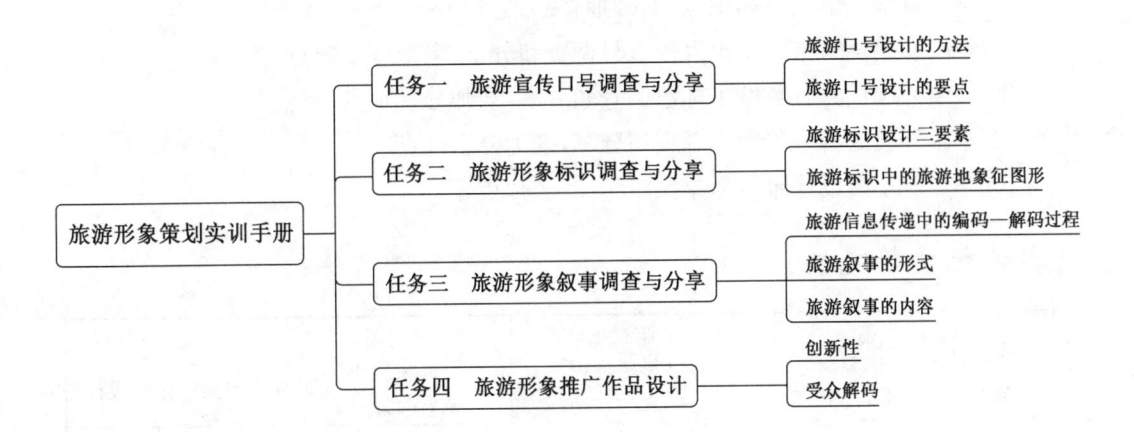

```
                            ┌─ 任务一　旅游宣传口号调查与分享 ─┬─ 旅游口号设计的方法
                            │                                └─ 旅游口号设计的要点
                            │
                            ├─ 任务二　旅游形象标识调查与分享 ─┬─ 旅游标识设计三要素
旅游形象策划实训手册 ───────┤                                └─ 旅游标识中的旅游地象征图形
                            │                                ┌─ 旅游信息传递中的编码—解码过程
                            ├─ 任务三　旅游形象叙事调查与分享 ─┼─ 旅游叙事的形式
                            │                                └─ 旅游叙事的内容
                            │                                ┌─ 创新性
                            └─ 任务四　旅游形象推广作品设计 ──┴─ 受众解码
```

【实训情景】

　　实训情景1：无锡市文旅局计划创建一个抖音号用于开展无锡旅游形象推广，请为其拟定一个名称，或提炼一个原创主题口号，并阐述该名称的内涵或亮点。

　　实训情景2：无锡市文旅局计划创建一个抖音号用于开展无锡旅游形象推广，请为其设计一个原创旅游logo（或吉祥物，或直播间背景设计），并阐述该logo（或吉祥物，或直播间背景设计）的设计思路。

　　实训情景3：无锡市文旅局计划创建一个微信公众号用于开展无锡旅游形象推广，请为其撰写一篇旅游推文，提升无锡的知名度或美誉度。

【实训目的】

　　1. 了解旅游形象的概念和特点
　　2. 理解旅游形象传播的多种要素
　　3. 能够开展旅游形象叙事作品设计

【实训条件】

　　电脑、网络

【实训内容】

　　任务一　旅游宣传口号调查与分享（课上＋课下）

任务二　旅游形象标识调查与分享(课上＋课下)
任务三　旅游形象叙事调查与分享(课上＋课下)
任务四　旅游形象推广作品设计

【实训步骤】

1. 学生自学了解主要知识点,老师抽查
2. 学生开展优秀旅游城市宣传口号调查和分享,老师分享观点
3. 学生开展优秀旅游城市标识调查和分享,老师分享观点
4. 学生开展旅游形象叙事调查和分享,老师分享观点
5. 学生分小组设计旅游形象推广作品,老师指导

【实训记录推进表】

	第一周 (形象口号 调查与分享)	第二周 (形象标识 调查与分享)	第三周 (形象叙事 调查与分享)	第四周 (形象推广作品设计)
第一组				
第二组				
第三组				
第四组				
第五组				
第六组				

注:关键词摘录和是否已完成;口号、标识和叙事、各小组择其一做调查和设计。

【评分指南】

1. 是否完成口号/标识/叙事的调查与分享;分享的内容是否有代表性或启发性
2. 形象推广作品设计:口号是否彰显地方特色、是否易于理解记忆;标识是否美观、是否有地方特色;叙事标题是否能第一眼吸引受众、叙事排版是否美观、叙事是否有说服力
3. 汇报者仪态是否大方、声音是否响亮、内容是否流畅、是否便于听众理解

任务一　旅游宣传口号调查与分享

一、任务目的

能在学习的基础上,了解旅游形象定位的方法,掌握旅游口号设计的要点。

二、任务材料与器具

电脑、网络

三、任务步骤

1. 学生自学旅游口号的概念和设计的要点、旅游形象定位的技巧,老师抽查(课上+课下)
2. 学生调查优秀旅游城市的宣传口号(课下)
3. 学生分享优秀旅游城市的宣传口号,老师分享自己的观点(课上)

四、任务结论

1. 旅游宣传口号的概念
2. 旅游宣传口号设计的要点
3. 旅游地形象定位技巧

任务二　旅游形象标识调查与分享

一、任务目的

能在学习的基础上,理解旅游形象标识设计的三要素,理解旅游形象标识的概念及其在形象推广和品牌塑造中的作用。

二、任务材料与器具

电脑、网络

三、任务步骤

1. 学生自学旅游形象标识内涵和设计三要素,老师抽查(课下+课上)
2. 学生调查优秀旅游城市的形象标识(课下)
3. 学生分享优秀旅游城市的形象标识,老师分享自己的观点(课上)

四、任务结论

1. 旅游形象标识的概念
2. 旅游形象标识设计的三要素
3. 旅游形象标识在形象推广中的作用

任务三　旅游形象叙事调查与分享

一、任务目的

能在学习的基础上,理解旅游叙事的概念和形式,理解旅游叙事在旅游形象推广中的作用。

二、任务材料与器具

电脑、网络

三、任务步骤

1. 学生自学旅游叙事相关理论知识,老师抽查(课下+课上)
2. 学生调查旅游叙事典型案例(课下)
3. 学生分享旅游叙事典型案例,老师分享自己的观点(课上)

四、任务结论

1. 旅游叙事的内涵
2. 旅游叙事在形象推广中的功能和作用

任务四　旅游形象推广作品设计

一、任务目的

在前面3个实训项目学习的基础上,开展旅游形象推广作品设计,包括口号、标识、推文、小视频等,理解旅游形象推广的方式和过程。

二、任务材料与器具

电脑、网络

三、任务步骤

1. 学生自学旅游形象推广的融媒体传播策略,老师抽查(课上+课下)
2. 分小组开展旅游形象作品设计,老师指导(课上+课下)
3. 分小组交流各组作品,老师指导(课上)

四、任务结论

1. 旅游形象推广的融媒体策略
2. 文字、图片、视频、直播等传播形式的特点
3. 微信推文设计技巧

附4　自我评估

【自我评估与评估指南1】——课堂参与

	A(优秀)	B(合格)	C(正在进步)	D(不足)
频率和质量	定期上课,经常参与互动,能提出深思熟虑的问题或借鉴他人的想法。	定期上课,有时以上述方式参与讨论。	定期上课但很少以上述方式参与讨论。	经常上课但从不以上述方式参与讨论。

【自我评估与评估指南2】——团队合作

	A(优秀)	B(胜任)	C(不足)
团队表现	有丰富的团队合作经验,有相关的团队主持工作经验,在团队合作中能够贡献比普通成员更多的力量,以往参与的团队整体表演优秀或良好。	团队合作过程中能够正常出席,能够按时履行自己的职责,以往参与的团队整体表现胜任或合格。	抵触团队合作,不履行职责,阻碍他人做出贡献,经常缺席,并且经常错过最后任务节点期限。

【自我评估与评估指南3】——创新意识与策划相关经验基础

1. 你对"策划"有多熟悉?

    A. 从未听说过

    B. 听说过但不了解

    C. 有些了解,但没有实践过

    D. 有些相关实践

2. 你是否使用过备忘录等手机应用工具来管理自己的学习和生活资料?

    A. 从未

    B. 偶尔

    C. 经常

    D. 熟练使用、颇有心得

3. 你是否关注小红书、网络直播、虚拟偶像等一些新现象、新技术、新热点?

    A. 从不

    B. 偶尔关注

C. 经常关注

D. 热衷

4. 你是否有过为朋友设计生日方案、制作旅行攻略、撰写学习计划等创意设计和创意构思经历？

A. 从未

B. 偶尔

C. 一般

D. 频繁

【自我评估与评估指南4】——办公软件应用能力

	A(精通)	B(胜任)	C(不胜任)
技能表现	能够熟练、高效使用Word、PowerPoint等办公软件；具有丰富的文本或汇报文档制作经验。	熟悉Word、PowerPoint等办公软件的基本操作。但几乎没有独立制作文本或汇报文档的经验。	不熟悉Word、PowerPoint等办公软件的基本操作。

【自我评估与评估指南5】——汇报与演讲基础能力

	A(优秀)	B(胜任)	C(不足)
汇报演讲	有丰富的汇报演讲经验，汇报时不紧张，普通话标准，声音响亮。理解肢体自然、与观众目光接触等汇报技巧。	有汇报演讲经验但频次低，汇报场合感到不适。	从没有公众场合汇报或演讲的经验。